KB101591

웹툰 중국어

나의 아름다운 이웃

我的美邻 1

다락원

▶ 들어가는 말

M Mandarin 앱은 2018년 온라인 중국어 학습 웹툰《我的美邻(나의 아름다운 이웃)》을 출시하여, 전 세계 10만 중국어 학습자의 주목을 받았습니다. 그리고 드디어 중국어 학습을 대표하는 출판사 다락원과의 제휴를 통해 한국에서 '웹툰 중국어'라는 이름으로 본 교재를 출간하게 되었습니다.

여러분에게 먼저 선보이게 될《웹툰 중국어_나의 아름다운 이웃 1》은 중국어 발음 학습을 도와주는 핸디북과 본문 총 18과로 구성되어 있습니다. 기초~초급 단계에 해당하며, HSK 1~3급에 해당하는 초급 어휘 및 어법 내용을 바탕으로 설계되었습니다.

본 교재는 젊은이들의 사랑·우정·도시 생활과 관련된 하나의 스토리를 웹툰으로 구성하여, 한 편의 재미있는 드라마를 보는 듯한 느낌을 줍니다. 단계별로 구성된《웹툰 중국어》시리즈를 통해, 학습자는《我的美邻(나의 아름다운 이웃)》의 결말을 함께할 수 있습니다. 이외에도, 본 교재에 등장하는 대화 장면은 HSK(한어수평고시)와 미국의 ACTFL(미국 외국어교육위원회) 대강(大綱)을 참고하여 전문적인 중국어 학습을 가능하게 했습니다. 교재의 모든 대화 장면은 중국의 공공시설·편의점·맛집·각종 브랜드의 카페 그리고 다양한 음식과 전통 예술을 수준별로 담아냈습니다. 중국어를 처음 배우는 학습자가 본 교재의 생생한 대화 장면을 통해 좀 더 생동적이고 실질적인 학습을 할 수 있을 거라 믿습니다.

본 교재는 'M Mandarin 웹툰 중국어 앱(APP)'과 함께 사용하시는 것을 권장합니다. M Mandarin 웹툰 중국어 앱은 자체 제작 웹툰으로 채운 몰입형 중국어 학습 플랫폼입니다. 교재 내의 모든 본문은 앱의 웹툰 영상·문장 따라 읽기·어휘 및 쓰기 학습·문법 강의 영상·연습 문제 및 문화 체험 라디오 부분을 함께 이용할 때 더욱 큰 학습 효과를 누릴 수 있습니다.

이 앱은 실제 중국어 교수의 수업 방식 분석을 바탕으로 다양한 기능(듣기·말하기·읽기·쓰기·연습문제·더빙 등)을 제공합니다. 웹툰을 볼 때 사용자는 드라마 버전과 표준 중국어 버전 두 가지의 더빙을 들을 수 있고, 따로 마련된 라이브 채널에서는 해당 단원의 학습 포인트와 그와 관련된 중국 문화를 배울 수 있습니다. '상호 소통' 교재가 부족한 현재의 중국어 교육 시장에, 본 교재와 M Mandarin 앱의 상호 교환 학습이 중국어 학습의 새로운 대안점이 되길 바랍니다.

마지막으로, 언제나 M Mandarin을 사랑해 주시고 지지해 주시는 학습자분들께 온 마음을 다해 감사의 말씀을 전합니다. 만약 앱과 교재 사용 중 궁금한 점이 생기시면, M Mandarin으로 여러분의 소중한 의견을 보내 주세요. 본 교재와 함께 즐겁고 알찬 중국어 학습이 되길 바랍니다!

窦敬壹, 주민경, 周鼎

차례

들어가는 말 3
차례 4
이 책의 구성 및 활용법 6
등장인물 소개 11
일러두기 12

1화 你好！ 안녕하세요! 13
인사 나누기 | 감사 표현

2화 我叫高飞。 내 이름은 까오페이입니다. 25
사과 표현 | 자기소개하기

3화 你叫什么名字？ 당신의 이름은 무엇인가요? 41
이름 묻고 답하기 | 제안하기

4화 我是医生。 나는 의사입니다. 55
직업 묻고 답하기 | 고향 묻고 답하기

5화 你很漂亮。 참 예쁘시네요. 67
칭찬하기 | 관계 설명하기

6화 你是哪国人？ 당신은 어느 나라 사람인가요? 77
국적 소개하기 | 감탄의 어감

7화 你有牛奶吗？ 우유 있나요? 89
소유 관계를 나타내는 표현 | 부탁·권유 표현

8화 桌子上有什么？ 책상 위에 무엇이 있나요? 101
존재문 | 수량사 | 정도 표현

9화 我在上网呢。 나는 인터넷을 하고 있었어요. 117
연동문 | 동작의 진행 | 양사

10화 这个明星是谁? 이 연예인은 누구예요? 131
내상 묻고 답하기

11화 她去吃饭了。 그녀는 밥 먹으러 갔어요. 143
동작의 완성 표현 | 상황의 변화 표현

12화 我不爱喝果汁。 나는 과일주스 안 좋아해요. 157
고백하기 | 좋아하는 것과 싫어하는 것 표현하기

13화 昨天你们去哪儿了? 어제 당신들은 어디에 갔었어요? 169
장소 묻고 답하기 | 지시대명사

14화 她今年三岁了。 그녀는 올해 세 살이에요. 183
나이 묻고 답하기 | 상대방에게 권유하기

15화 我能坐这里吗? 여기 앉아도 되나요? 195
가능·불가능의 표현 | 수량 묻고 답하기

16화 您的电话号码是多少? 당신의 핸드폰 번호는 몇 번인가요? 207
직업 표현 | 가족 구성원 소개하기 | 숫자 읽기

17화 我想买一个杯子。 저는 잔을 하나 사고 싶어요. 219
물건 구매하기 | 중국 화폐의 종류

18화 明天是我的生日。 내일은 제 생일이에요. 233
날짜 표현 | 요일 표현

부록 정답&녹음대본 246
단어 색인 269
한어병음자모 배합표 274

『웹툰 중국어_나의 아름다운 이웃 1』은 본문 총18과와 중국어 발음을 학습할 수 있는 '핸디북'으로 구성되어 있습니다.

본 교재는 개발 단계부터 전용 학습 APP과 함께 학습할 수 있는 교재로 기획되었습니다. 지면 학습 이상의 적극적인 중국어 학습을 원하는 학습자는 〈웹툰 중국어 APP〉을 함께 구매하시면 본 교재와 함께 더욱 다양하고 재미있는 온라인 중국어 학습 콘텐츠를 즐길 수 있습니다.

| 교재 구성 |

본서 핸디북 학습 APP

QR코드를 찍으면 〈웹툰 중국어 APP〉 학습 페이지로 이동합니다.

도입

웹툰 미리보기와 그 과에서 배우게 될 학습 포인트를 제시합니다.

웹툰 보기

웹툰 '나의 아름나운 이웃'입니다. 웹툰을 보며 스토리를 유추하고, 하단의 한글 해석을 보고 내용을 확인하세요.
원어민의 중국어 발음을 반복해서 들으며 귀에 익히고, 말풍선 안의 대사를 실감 나게 따라 말하며 연습해 보세요.

웹툰 중국어 APP 앱의 웹툰 화면에서 중국어를 클릭하면 중국인의 음성이 바로바로 재생됩니다.

SCENE

웹툰 속 대사를 한눈에 보기 쉽게 정리했습니다. 한어병음으로 발음을 익히고, 중국어를 한 글자씩 예쁘게 따라서 써 보세요.

새단어 모음.zip

이 과의 새로 나온 단어입니다. 반복해서 듣고, 읽고, 써 보면서 단어를 익혀 보세요.

웹툰 중국어 APP 앱의 단어 학습 화면에서 단어를 클릭하면 중국인의 발음이 재생되고, 연습문제를 풀어볼 수 있습니다. 중국어 따라 쓰기, 내 발음 녹음하기의 기능이 있습니다.

01-03

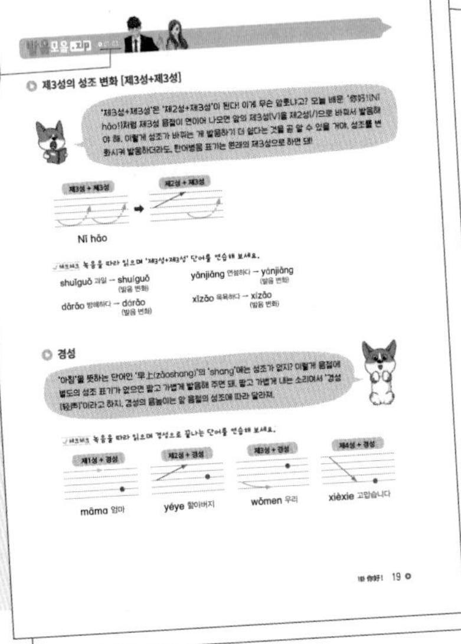

발음 모음.zip

'핸디북'의 발음 학습 외에 본문 1화~4화까지 발음 학습이 추가 구성되어 있습니다. 상단에 MP3 트랙 번호를 명시하였습니다. MP3를 활용하여 정확한 발음을 익힙니다.

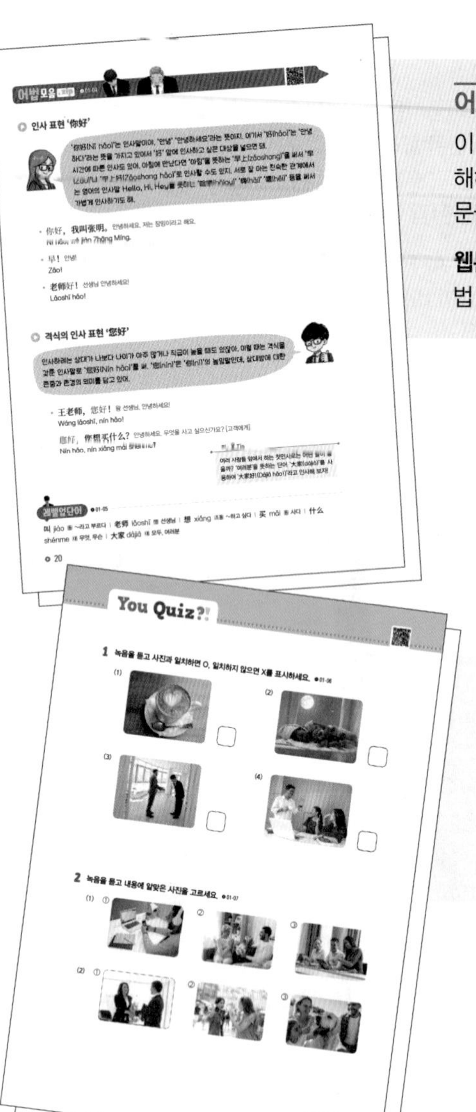

어법 모음.zip

이 과의 핵심 표현과 어법을 설명합니다. 중국어의 문장 구조를 이해하고, 예문을 통해 다양한 활용법을 익혀 보세요. MP3를 듣고 예문을 정확한 발음으로 따라 읽어 보세요.

웹툰 중국어 APP 앱의 강의 학습을 클릭하면 선생님의 친절한 어법 강의를 들을 수 있습니다.

You Quiz?!

사진과 삽화로 구성된 재미있는 문제를 풀며 학습한 내용을 정확히 이해했는지 확인해 보세요.

웹툰 중국어 APP 앱의 연습문제를 클릭하면 교재에 있는 문제 외에 다른 유형의 문제도 풀어볼 수 있습니다.

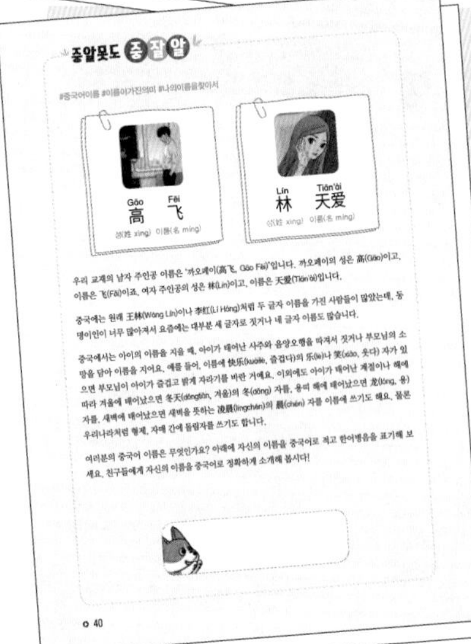

중알못도 중잘알

중국을 알지 못하는 사람도 중국을 잘 알게 되는 중국 문화 이야기. 한 나라의 문화를 이해하면 그 나라의 언어를 습득하는 데 많은 도움이 됩니다. 중국은 어떤 나라일까? 알 듯 말 듯 한 문화 이야기를 읽고, 중국이란 나라를 이해하며 학습 의욕을 다져 보세요.

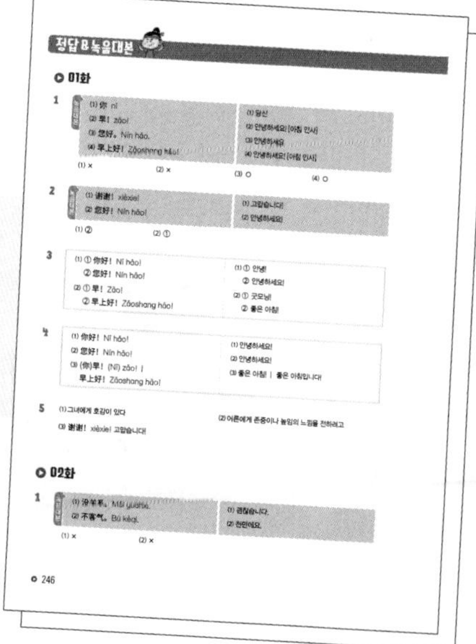
정답&녹음대본

○ 01화

1
(1) 你 nǐ
(2) 早! zǎo!
(3) 您好。Nín hǎo.
(4) 早上好! Zǎoshang hǎo!

(1) 당신
(2) 안녕하세요! [아침 인사]
(3) 안녕하세요
(4) 안녕하세요! [아침 인사]

(1) × (2) × (3) ○ (4) ○

2
(1) 谢谢! xièxie!
(2) 您好! Nín hǎo!

(1) 고맙습니다!
(2) 안녕하세요!

(1) ② (2) ①

3
(1) ① 你好! Nǐ hǎo!
② 您好! Nín hǎo!
(2) ① 早! Zǎo!
② 早上好! Zǎoshang hǎo!

(1) ① 안녕!
② 안녕하세요!
(2) ① 굿모닝!
② 좋은 아침!

4
(1) 你好! Nǐ hǎo!
(2) 您好! Nín hǎo!
(3) (你)早! (Nǐ) zǎo! |
早上好! Zǎoshang hǎo!

(1) 안녕하세요!
(2) 안녕하세요!
(3) 좋은 아침! | 좋은 아침입니다!

5
(1) 그녀에게 호감이 있다
(2) 어른에게 존중이나 높임의 느낌을 전하려고
(3) 谢谢! xièxie! 고맙습니다!

○ 02화

1
(1) 没关系。Méi guānxi.
(2) 不客气。Bú kèqi.

(1) 괜찮습니다.
(2) 천만에요.

(1) × (2) ×

246

정답&녹음대본

'체크체크'와 'You Quiz?!' 문제의 정답을 확인할 수 있습니다. 정답 옆에는 친절히 우리말 해석을 달았습니다. '듣기 영역' 문제의 녹음 대본을 확인하고, 자신의 듣기 능력도 점검해 봅니다.

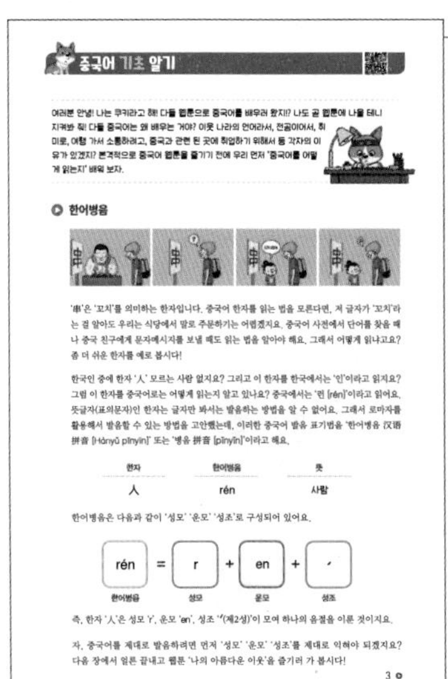
중국어 기초 알기

여러분 안녕! 나는 쿠키라고 해! 다들 웹툰으로 중국어를 배우러 왔지!? 나도 곧 웹툰에 나올 테니 지켜봐 줘! 다들 중국어는 왜 배우는 거야? 이웃 나라의 언어라서, 전공이어서, 취미로, 여행 가서 소통하려고, 중국과 관련 된 곳에 취업하기 위해서 등 각자의 이유가 있겠지? 본격적으로 중국어 웹툰을 즐기기 전에 우리 먼저 '중국어를 어떻게 읽는지' 배워 보자.

○ 한어병음

'串'은 '꼬치'를 의미하는 한자입니다. 중국어 한자를 읽는 법을 모른다면, 저 글자가 '꼬치'라는 걸 알아도 우리는 식당에서 말로 주문하기는 어렵겠지요. 중국어 사전에서 단어를 찾을 때나 중국 친구에게 문자메시지를 보낼 때도 읽는 법을 알아야 해요. 그래서 어떻게 읽냐고요? 좀 더 쉬운 한자를 예로 봅시다!

한국인 중에 한자 '人' 모르는 사람 없지요? 그리고 이 한자를 한국에서는 '인'이라고 읽지요? 그럼 이 한자를 중국어로는 어떻게 읽는지 알고 있나요? 중국에서는 '런 [rén]'이라고 읽어요. 뜻글자(표의문자)인 한자는 글자만 봐서는 발음하는 방법을 알 수 없어요. 그래서 로마자를 활용해서 발음할 수 있는 방법을 고안했는데, 이러한 중국어 발음 표기법을 '한어병음 汉语拼音 [Hànyǔ pīnyīn]' 또는 '병음 拼音 [pīnyīn]'이라고 해요.

한자	한어병음	뜻
人	rén	사람

한어병음은 다음과 같이 '성모' '운모' '성조'로 구성되어 있어요.

rén (한어병음) = r (성모) + en (운모) + ˊ (성조)

즉, 한자 '人'은 성모 'r', 운모 'en', 성조 'ˊ(제2성)'이 모여 하나의 음절을 이룬 것이지요.

자, 중국어를 제대로 발음하려면 먼저 '성모' '운모' '성조'를 제대로 익혀야 되겠지요? 다음 장에서 얼른 끝내고 웹툰 '나의 아름다운 이웃'을 즐기러 가 봅시다!

3

쉽게 끝내는 중국어 발음

중국어에 대한 기본 지식과 발음을 학습할 수 있는 '핸디북'이 제공됩니다. 본문 학습 전에 가볍게 읽어 보고, 본문을 학습하며 웹툰 대사를 반복해서 듣고 말하면서 발음 학습을 함께 진행하면 더욱 효과적입니다.

웹툰 중국어 APP 앱의 발음 학습을 클릭하면 선생님의 자세한 발음 강의를 들을 수 있습니다.

MP3 다운로드

- 교재 페이지마다 MP3 음원의 트랙 번호가 기재되어 있습니다.
- MP3 음원은 다락원 홈페이지(www.darakwon.co.kr)에서 무료로 다운로드하실 수 있습니다.
- 스마트폰으로 QR 코드를 스캔하면 MP3 다운로드 및 실시간 재생 가능한 페이지로 바로 연결됩니다.

M Mandarin 웹툰 중국어 APP과 함께 즐거운 중국어 학습 여행 떠나기!

웹툰 중국어 APP
다운로드하기

웹툰 중국어 앱에 로그인하여
풍성한 온라인 학습 콘텐츠를 즐겨 보세요!

"교재와 연계 학습이 가능한
웹툰 중국어 APP을 이용하면
더욱 풍성한 중국어 학습이
가능해 집니다."

양방향 웹툰 중국어 학습 플랫폼 제공 | 언제 어디서나 **편리하게** | 내게 **필요한 내용을** 내가 **원하는 만큼만** 공부하고 | 내 **학습 기록이 저장**되는 나만의 중국어 공간 | 지금껏 경험해 보지 못한 **새로운 중국어 콘텐츠**

등장인물 소개

까오페이 高飞
남, 27세, 중국인
광고 회사에서 근무하는
평범한 광고 디자이너

우 선생 午先生
남, 신원 미상의
비밀스러운 인물

리따리 李大力
남, 26세, 미국인
까오페이의 동료, 고문 변호사

리위 李雨
여, 25세, 중국인
까오페이의 동료,
비서

찐쭝밍 金中明
남, 26세, 태국인
까오페이의 동료,
마케팅 담당

린티엔아이 林天爱
여, 28세, 중국인
대외적으로는 까오페이의 이웃이자
같은 건물에서 일하는 치과의사지만
비밀이 많아 보이는 인물

리우씽위 刘星语
린티엔아이의 동료

스타벅스 점원 星巴克店员
카페에서 일하는 중년의 점원

대학생 大学生
길가에서 설문조사를 진행하는 대학생

경비원 保安
까오페이가 일하는 건물을 지키는 경비원

쿠키/빙깐 Cookie/饼干
까오페이가 키우는 강아지

알려두기

- 지명과 인명은 현지의 발음을 우리말로 표기했습니다. 단, 우리에게 이미 널리 알려진 고유명사는 익숙한 발음으로 표기했습니다.

  예 北京 베이징　　高飞 까오페이　　长城 만리장성

- 품사는 다음과 같이 약자로 표기했습니다.

명사	명	형용사	형	접속사	접
고유명사	고유	부사	부	감탄사	감
동사	동	수사	수	조사	조
조동사	조동	양사	양	수량사	수량
대명사	대	개사	개	성어	성

- 『현대한어사전(现代汉语词典)』에서는 '学生'의 성조를 'xué · shēng'으로 표기했으나, 이 책은 원작에 기준하여 'xuésheng'으로 표기했습니다.

1화 Nǐ hǎo! 你好！

APP 학습

광고 회사 직원 까오페이,
옆집에 미모의 여성이
이사 오다!
과연 그의 첫인사는?

1화 미리보기

까오페이는 광고 회사에서 근무하는 회사원이다. 그는 회사 근처 아파트에서 살고 있는데, 어느 날 그의 옆집으로 한 여자가 이사 왔다. 그는 그녀를 마주친 후 호감을 느끼게 되는데…….

학습 포인트

인사 나누기 | 감사 표현

1화 你好! Nǐ hǎo! 안녕하세요!

까오페이 안녕하세요!

린티엔아이 안녕하세요!

까오페이	어르신, 안녕하세요!
노인	굿모닝!

까오페이	감사합니다!
까오페이	안녕하십니까!
사장	☺

까오페이	좋은 아침!
찐쭝밍	굿모닝!
리위	좋은 아침이에요!
까오페이	안녕하세요!

1화 SCENE

01-01

SCENE #1

까오페이	你好! Nǐ hǎo!	니하오
린티엔아이	你好! Nǐ hǎo!	니하오

SCENE #2

까오페이	您好! Nín hǎo!	닌하오
노인	你好! Nǐ hǎo!	니하오

SCENE #3

까오페이	谢谢! Xièxie!	씨에씨에
까오페이	您好! Nín hǎo!	닌하오

SCENE #4

까오페이	早! Zǎo!	자오
찐쭝밍	早上好! Zǎoshang hǎo!	자오상 하오
리위	早上好! Zǎoshang hǎo!	자오상 하오
까오페이	早! Zǎo!	자오

새단어모음.zip

01-02

你 nǐ 대 너, 자네, 당신
好 hǎo 형 좋다, 안녕하다, 훌륭하다
您 nín 대 당신 ['你'의 존칭]
你好 nǐ hǎo 안녕, 안녕하세요
您好 nín hǎo 안녕하세요 ['你好'의 높임말]
早上 zǎoshang 명 아침
早 zǎo 안녕하세요, 좋은 아침! [아침 인사]
早上好 zǎoshang hǎo 좋은 아침입니다
谢谢 xièxie 감사합니다, 고맙습니다

제3성의 성조 변화 [제3성+제3성]

'제3성+제3성'은 '제2성+제3성'이 된다! 이게 무슨 암호냐고? 오늘 배운 '你好!(Nǐ hǎo!)'처럼 제3성 음절이 연이어 나오면 앞의 제3성(V)을 제2성(/)으로 바꿔서 발음해야 해. 이렇게 성조가 바뀌는 게 발음하기 더 쉽다는 것을 곧 알 수 있을 거야. 성조를 변화시켜 발음하더라도, 한어병음 표기는 원래의 제3성으로 하면 돼!

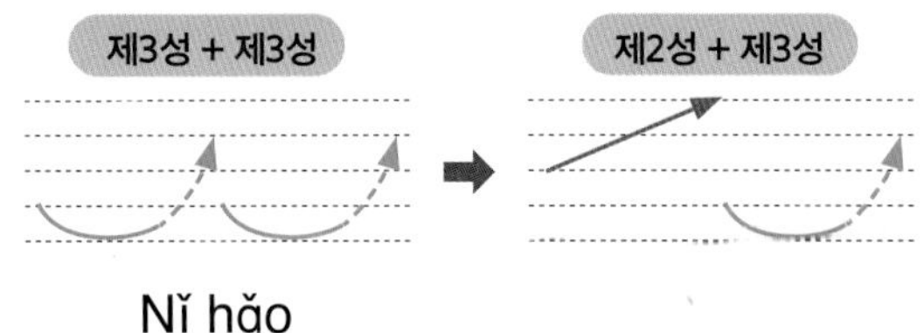

Nǐ hǎo

✓체크체크 녹음을 따라 읽으며 '제3성+제3성' 단어를 연습해 보세요.

shuǐguǒ 과일 → shuíguǒ (발음 변화)

yǎnjiǎng 연설하다 → yánjiǎng (발음 변화)

dǎrǎo 방해하다 → dárǎo (발음 변화)

xǐzǎo 목욕하다 → xízǎo (발음 변화)

경성

'아침'을 뜻하는 단어인 '早上(zǎoshang)'의 'shang'에는 성조가 없지? 이렇게 음절에 별도의 성조 표기가 없으면 짧고 가볍게 발음해 주면 돼. 짧고 가볍게 내는 소리여서 '경성(轻声)'이라고 하지. 경성의 음높이는 앞 음절의 성조에 따라 달라져.

✓체크체크 녹음을 따라 읽으며 경성으로 끝나는 단어를 연습해 보세요.

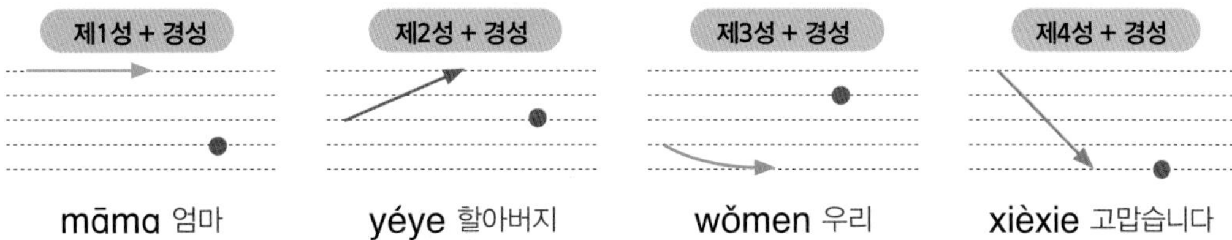

māma 엄마　　yéye 할아버지　　wǒmen 우리　　xièxie 고맙습니다

어법모음.zip ◎ 01-04

인사 표현 '你好'

'你好(Nǐ hǎo)'는 인사말이야. '안녕' '안녕하세요'라는 뜻이지. 여기서 '好(hǎo)'는 '안녕하다'라는 뜻을 가지고 있어서 '好' 앞에 인사하고 싶은 대상을 넣으면 돼.
시간에 따른 인사도 있어. 아침에 만났다면 '아침'을 뜻하는 '早上(zǎoshang)'을 써서 '早(Zǎo)'나 '早上好(Zǎoshang hǎo)'로 인사할 수도 있지. 서로 잘 아는 친숙한 관계에서는 영어의 인사말 Hello, Hi, Hey를 뜻하는 '哈喽(hālou)' '嗨(hāi)' '嘿(hēi)' 등을 써서 가볍게 인사하기도 해.

- 你好，我叫张明。 안녕하세요. 저는 장밍이라고 해요.
  Nǐ hǎo, wǒ jiào Zhāng Míng.
- 早！ 안녕!
  Zǎo!
- 老师好！ 선생님 안녕하세요!
  Lǎoshī hǎo!

격식의 인사 표현 '您好'

인사하려는 상대가 나보다 나이가 아주 많거나 직급이 높을 때도 있잖아. 이럴 때는 격식을 갖춘 인사말로 '您好(Nín hǎo)'를 써. '您(nín)'은 '你(nǐ)'의 높임말인데, 상대방에 대한 존중과 존경의 의미를 담고 있어.

- 王老师，您好！ 왕 선생님, 안녕하세요!
  Wáng lǎoshī, nín hǎo!
- 您好，您想买什么？ 안녕하세요. 무엇을 사고 싶으신가요? [고객에게]
  Nín hǎo, nín xiǎng mǎi shénme?

Tip Tip

여러 사람들 앞에서 하는 첫인사로는 어떤 말이 좋을까? '여러분'을 뜻하는 단어 '大家(dàjiā)'를 사용하여 '大家好!(Dàjiā hǎo!)'라고 인사해 보자!

레벨업단어 ◎ 01-05

叫 jiào 동 ~라고 부르다 | 老师 lǎoshī 명 선생님 | 想 xiǎng 조동 ~하고 싶다 | 买 mǎi 동 사다 | 什么 shénme 대 무엇, 무슨 | 大家 dàjiā 대 모두, 여러분

1 녹음을 듣고 사진과 일치하면 O, 일치하지 않으면 X를 표시하세요. 01-06

(1)  ☐

(2)  ☐

(3)  ☐

(4)  ☐

2 녹음을 듣고 내용에 알맞은 사진을 고르세요. 01-07

(1) ①  ②  ③ 

(2) ①  ②  ③ 

3 웹툰 속 말풍선에 들어갈 중국어를 빈칸에 쓰고, 소리 내어 읽어 보세요.

(1)

①

②

(2)

①

②

4 다음 메신저 질문에 중국어로 답해 보세요.

Tip Tip

스마트폰에서 중국어 입력 어떻게 할까?

- **iOS** 설정 – 일반 – 키보드 – 새로운 키보드 추가 – 중국어(간체) – 병음(QWERTY)
- **Android** 설정 – 일반 – 언어 및 입력 방식 – 언어 추가 – 简体中文 추가

까오페이

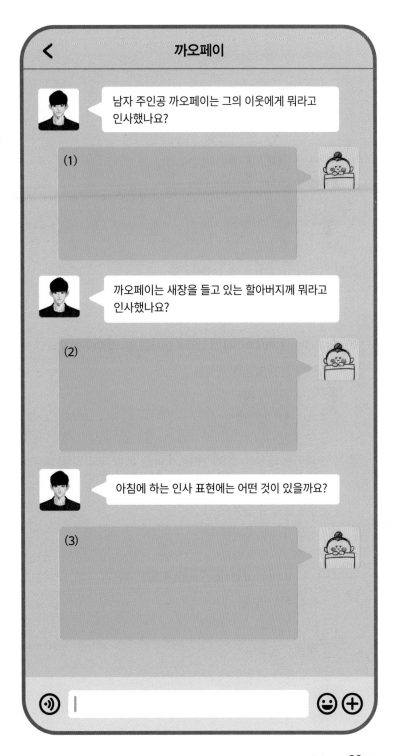

남자 주인공 까오페이는 그의 이웃에게 뭐라고 인사했나요?

(1)

까오페이는 새장을 들고 있는 할아버지께 뭐라고 인사했나요?

(2)

아침에 하는 인사 표현에는 어떤 것이 있을까요?

(3)

5 웹툰 1화의 내용을 다시 읽고 질문에 답해 보세요.

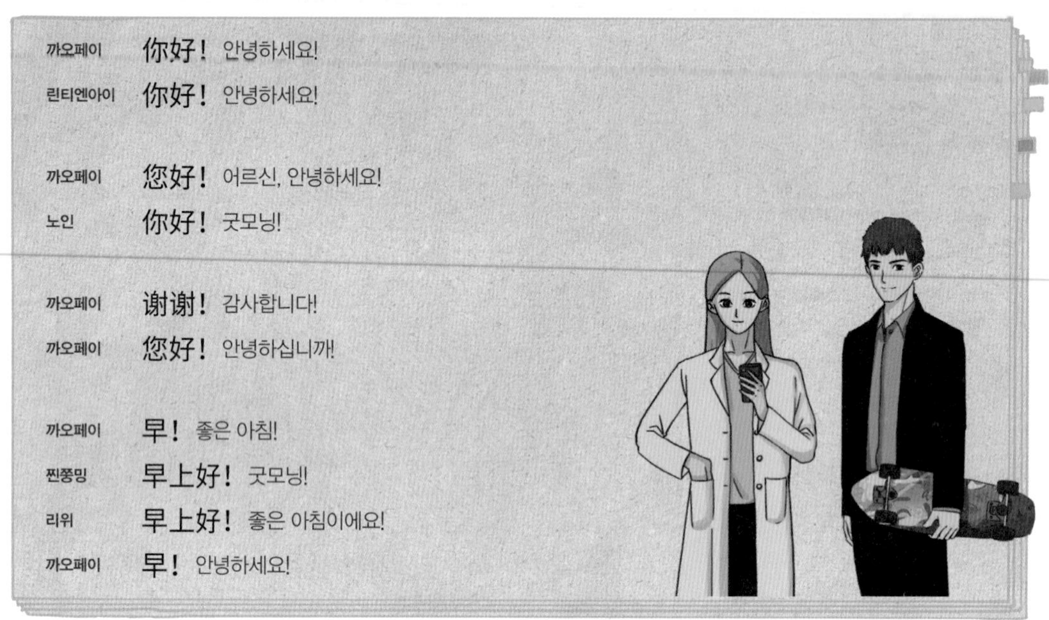

까오페이 你好！ 안녕하세요!
린티엔아이 你好！ 안녕하세요!
까오페이 您好！ 어르신, 안녕하세요!
노인 你好！ 굿모닝!
까오페이 谢谢！ 감사합니다!
까오페이 您好！ 안녕하십니까!
까오페이 早！ 좋은 아침!
찐쭝밍 早上好！ 굿모닝!
리위 早上好！ 좋은 아침이에요!
까오페이 早！ 안녕하세요!

(1) 남자 주인공 까오페이가 옆집으로 이사온 린티엔아이에게 느낀 첫인상은 무엇인가요?

- ☐ 이미 알고 있는 사이다
- ☐ 전혀 관심이 없다
- ☐ 그녀에게 호감이 있다

(2) 까오페이는 왜 할아버지께 '你好'가 아닌 '您好'라고 인사했을까요?

- ☐ 어른에게 존중이나 높임의 느낌을 전하려고
- ☐ 부탁할 일이 있어서
- ☐ 친하지 않은 사이여서

(3) 다음 중 고마움을 표현하는 인사로 적절한 것은?

- ☐ 你好！ Nǐ hǎo!
- ☐ 早！ Zǎo!
- ☐ 谢谢！ Xièxie!

2화 Wǒ jiào Gāo Fēi.
我叫高飞。

APP 학습

아침부터 옷에 커피를 쏟았는데 왜 기분이 나쁘지 않을까?

2화 미리보기

회사 점심시간, 까오페이는 건물 복도에서 누군가와 부딪혀 커피를 쏟았다. 그와 부딪힌 사람은 알고 보니 자신의 이웃, 린티엔아이였다. 그녀는 그와 같은 건물에서 근무하고 있었는데…….

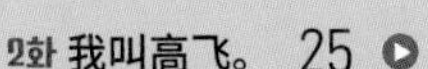

학습 포인트

사과 표현 | 자기소개하기

我叫高飞。 Wǒ jiào Gāo Fēi. 내 이름은 까오페이입니다.

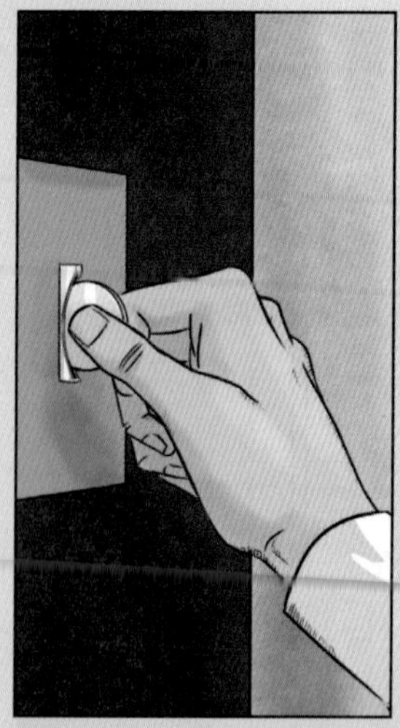

린티엔아이	죄송해요, 죄송해요!
까오페이	괜찮아요.
까오페이	고마워요.
린티엔아이	별말씀을요.
까오페이	당신이군요!

린티엔아이 안녕하세요. 저는 린티엔아이입니다.
까오페이 안녕하세요. 저는 까오페이입니다.
린티엔아이 까오페이…….

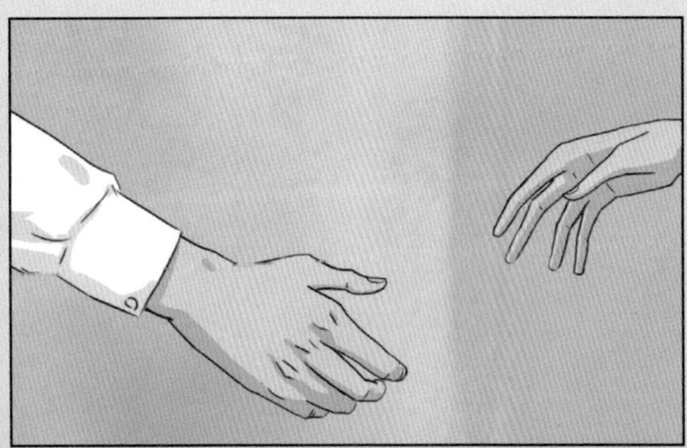

린티엔아이	또 봐요!
까오페이	잘 가요!

2화 SCENE

02-01

SCENE #1

린티엔아이 对不起，对不起！ 뚜에이부치 뚜에이부치
Duìbuqǐ, duìbuqǐ!

까오페이 没关系。 메이꽌시
Méi guānxi.

SCENE #2

까오페이 谢谢。 씨에씨에
Xièxie.

린티엔아이 不客气。 부 커치
Bú kèqi.

SCENE #3

까오페이 是你！ 쓰 니
Shì nǐ!

린티엔아이 你好，我叫林天爱。 니하오 워 찌아오 린티엔아이
Nǐ hǎo, wǒ jiào Lín Tiān'ài.

Tip Tip

'是你(Shì nǐ)'는 앞에 '내가 만났던 그 사람'이라는 주어가 생략된 문장이다. 중국어는 때때로 주어를 생략해 의미를 강조할 수 있다.

새단어모음.zip

02-02

对不起 duìbuqǐ 미안합니다, 죄송합니다
没关系 méi guānxi 괜찮다, 문제없다
不客气 bú kèqi 천만에요, 별말씀을요

是 shì 동 ~이다
我 wǒ 대 나, 저
叫 jiào 동 ~라고 부르다

SCENE #4

까오페이 你好，我叫高飞。 니하오 워 찌아오 까오페이
Nǐ hǎo, wǒ jiào Gāo Fēi.

린티엔아이 高飞…… 까오페이
Gāo Fēi……

린티엔아이 再见！ 짜이찌엔
Zàijiàn!

까오페이 再见！ 짜이찌엔
Zàijiàn!

再见 zàijiàn 또 봐요, 안녕히 계세요(가세요)
林天爱 Lín Tiān'ài 고유 린티엔아이 [인명]
高飞 Gāo Fēi 고유 까오페이 [인명]

제3성의 성조 변화 [제3성+제1, 2, 4성]

지난 시간에 배운 제3성의 성조 변화가 뭐였는지 기억하지!? 제3성 뒤에 제3성이 연이어 오면 앞의 제3성을 제2성으로 바꾸어 발음한다는 것! 그럼 만약에 3성 뒤에 3성이 아닌 제1, 2, 4성 혹은 경성이 오면 어떨까? 이때는 제3성을 내려가는 부분까지만 발음하고 바로 뒤의 성조를 읽어 주자. 이렇게 제3성을 반만 소리 낸다고 해서 반3성이라고 해.

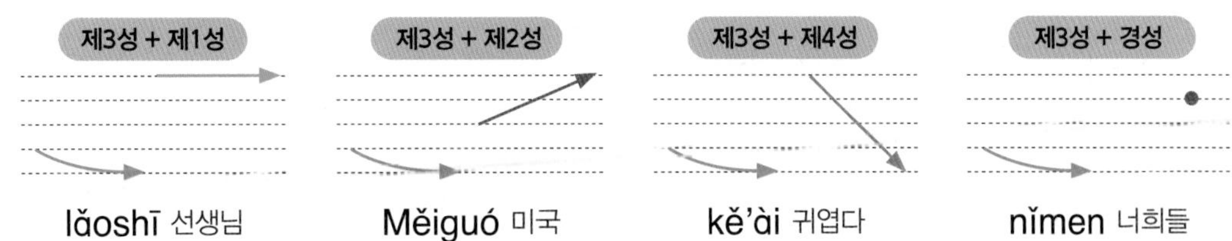

lǎoshī 선생님　Měiguó 미국　kě'ài 귀엽다　nǐmen 너희들

✓체크체크 녹음을 따라 읽으며 제3성의 성조 변화를 연습해 보세요.

제3성+제1성	제3성+제2성	제3성+제3성	제3성+제4성
lǎoshī 선생님	lǚyóu 여행하다	Shǒu'ěr 서울	guǎnggào 광고
Běijīng 베이징	Měiguó 미국	xǐzǎo 목욕하다	wǒ jiào 나는 ~라고 해요
huǒchē 기차	yǒumíng 유명하다	shuǐguǒ 과일	hǎokàn 예쁘다
hǎochī 맛있다	wǔshí 50, 쉰	yǔfǎ 어법	kě'ài 귀엽다

어법모음.zip ● 02-04

인칭대명사

'你(nǐ)'는 인칭대명사야. 인칭대명사란 사람의 이름을 대신해서 칭할 수 있는 대명사를 말하지. 자주 쓰는 인칭대명사에는 '我(wǒ, 나)' '你(nǐ, 너)' '您(nín, 당신)' '她(tā, 그녀)' '他(tā, 그)' 등이 있으니 기억해 두자. 사람이 아닌 사물이나 동물을 가리킬 때는 대명사 '它(tā, 그것)'를 쓰면 돼.

인칭대명사

我 wǒ 나	你 nǐ 너	您 nín 당신	她 tā 그녀	他 ta 그	它 tā 그것

- 我是韩国人。 나는 한국인이다.
  Wǒ shì Hánguó rén.
- 她是老师。 그녀는 선생님이다.
  Tā shì lǎoshī.

중국어의 기본 어순

중국어의 기본 문형은 '주어+술어+목적어' 순서야. 동사와 형용사가 주로 술어의 역할을 하는데, 오늘은 동사가 술어로 이루어진 문장을 배워 보자.

주어	술어	목적어	
哥哥 Gēge	在 zài	学校。 xuéxiào.	형은 학교에 있다.
我 Wǒ	去 qù	医院。 yīyuàn.	나는 병원에 간다.
他 Tā	是 shì	学生。 xuésheng.	그는 학생이다.

이름을 소개할 때 '叫'

누군가를 만나면 내 이름을 소개하거나 상대방의 이름을 물어보는 상황이 생기잖아. 그럴 때 쓰는 동사가 바로 '叫(jiào)'야. '叫'는 '(이름을) ~라고 부르다'라는 뜻이거든. '주어+叫+이름' 형식으로 말하면 돼.

- 我叫王豆豆。 내 이름은 왕또우또우입니다.
  Wǒ jiào Wáng Dòudòu.
- 他叫高飞。 그는 까오페이라고 해요.
  Tā jiào Gāo Fēi.

자신 혹은 상대를 소개할 때, '是(shì)'를 넣어서 말하기도 해. '叫' 뒤에는 이름이 오지만, '是' 뒤에는 국적이나 직업, 직책 등도 올 수 있어.

- 我是王豆豆。 나는 왕또우또우입니다.
  Wǒ shì Wáng Dòudòu.
- 他是中国人。 그는 중국인입니다.
  Tā shì Zhōngguó rén.

Tip Tip

만능 치트키 '没事(儿)!'

중국 사람들은 '对不起(duìbuqǐ, 미안합니다)'에는 '没关系(méi guānxi, 괜찮습니다)'를, '谢谢(xièxie, 고맙습니다)'에는 '不客气(bú kèqi, 천만에요)'를 짝꿍처럼 붙여서 말한다. 사과와 감사의 표현에 아무 대답도 하지 않으면 무례한 느낌을 줄 수도 있으니 꼭 외워 두자! 짝꿍 단어의 활용이 헷갈린다면 상황에 관계없이 만능으로 쓸 수 있는 '没事(儿)(méishì(r))'이 있다. '没事(儿)'은 '괜찮아요'라는 뜻으로, '对不起'에도 '谢谢'에도 대답으로 쓸 수 있다. 이때 문장 끝에 '儿(er)'을 붙여 발음하는 것은 베이징 사투리로, '얼(儿)화음'이라고 한다.

02-05

韩国 Hánguó 고유 한국 | 哥哥 gēge 명 오빠, 형 | 在 zài 동 (사람이나 사물이) ~에 있다 | 学校 xuéxiào 명 학교 | 去 qù 동 가다 | 医院 yīyuàn 명 병원 | 学生 xuésheng 명 학생 | 中国 Zhōngguó 고유 중국

You Quiz?!

1 녹음을 듣고 사진과 일치하면 O, 일치하지 않으면 X를 표시하세요. 02-06

(1)  ☐

(2)  ☐

2 녹음을 듣고 내용에 알맞은 사진을 고르세요. 02-07

(1) ①  ②  ③ 

(2) ①  ②  ③ 

(3) ①  ②  ③ 

3 빈칸에 들어갈 알맞은 단어를 골라 대화를 완성하세요.

| 보기 |

叫	没关系	再见	不客气
jiào	méi guānxi	zàijiàn	bú kèqi

(1) A 对不起，对不起…… Duìbuqǐ, duìbuqǐ ……

B ________________。

(2) A 谢谢。Xièxie.

B ________________。

(3) A 你好，我叫林天爱。Nǐ hǎo, wǒ jiào Lín Tiān'ài.

B 你好，我________高飞。Nǐ hǎo , wǒ ________ Gāo Fēi.

(4) A 再见！zàijiàn!

B ________________！

4 두 단어를 합쳐서 새 단어를 만들고 한어병음을 쓰세요.

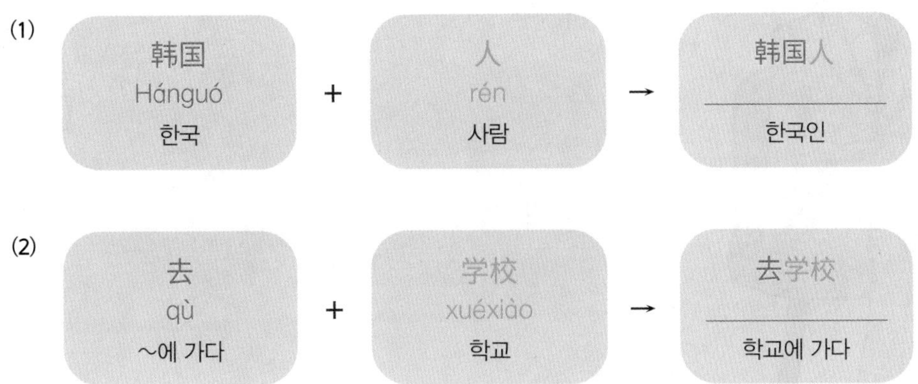

5 다음 메신저 질문에 중국어로 답해 보세요.

6 웹툰 2화의 내용을 다시 읽고 질문에 답해 봅시다.

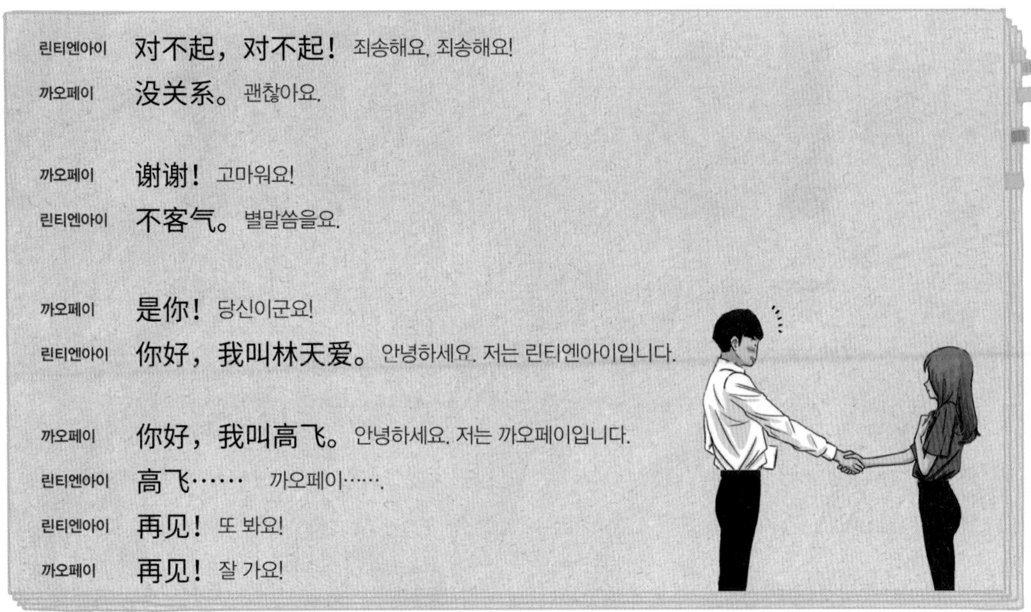

린티엔아이 对不起，对不起！ 죄송해요. 죄송해요!
까오페이 没关系。 괜찮아요.

까오페이 谢谢！ 고마워요!
린티엔아이 不客气。 별말씀을요.

까오페이 是你！ 당신이군요!
린티엔아이 你好，我叫林天爱。 안녕하세요. 저는 린티엔아이입니다.

까오페이 你好，我叫高飞。 안녕하세요. 저는 까오페이입니다.
린티엔아이 高飞…… 까오페이…….
린티엔아이 再见！ 또 봐요!
까오페이 再见！ 잘 가요!

(1) 실수를 하여 상대방에게 사과를 한 사람은 누구인가요?

- ☐ 林天爱 Lín Tiān'ài
- ☐ 高飞 Gāo Fēi
- ☐ 王老师 Wáng lǎoshī

(2) 자신을 다른 사람에게 소개할 때, 다음 중 정확하지 않은 표현은?

- ☐ 我叫王豆豆。Wǒ jiào Wáng Dòudòu.
- ☐ 我王豆豆。Wǒ Wáng Dòudòu.
- ☐ 我是王豆豆。Wǒ shì Wáng Dòudòu.

(3) 친구가 당신에게 감사를 표현할 때 할 수 있는 대답으로 적절한 것은?

- ☐ 对不起！Duìbuqǐ!
- ☐ 没关系！Méi guānxi!
- ☐ 不客气。Bú kèqi.

중알못도 중잘알

#중국어이름 #이름이가진의미 #나의이름을찾아서

Gāo Fēi
高 飞
성(姓 xìng) 이름(名 míng)

Lín Tiān'ài
林 天爱
성(姓 xìng) 이름(名 míng)

우리 교재의 남자 주인공 이름은 '까오페이(高飞, Gāo Fēi)'입니다. 까오페이의 성은 高(Gāo)이고, 이름은 飞(Fēi)이죠. 여자 주인공의 성은 林(Lín)이고, 이름은 天爱(Tiān'ài)입니다.

중국에는 원래 王林(Wáng Lín)이나 李红(Lǐ Hóng)처럼 두 글자 이름을 가진 사람들이 많았는데, 동명이인이 너무 많아져서 요즘에는 대부분 세 글자로 짓거나 네 글자 이름도 많습니다.

중국에서는 아이의 이름을 지을 때, 아이가 태어난 사주와 음양오행을 따져서 짓거나 부모님의 소망을 담아 이름을 지어요. 예를 들어, 이름에 快乐(kuàilè, 즐겁다)의 乐(lè)나 笑(xiào, 웃다) 자가 있으면 부모님이 아이가 즐겁고 밝게 자라기를 바란 거예요. 이외에도 아이가 태어난 계절이나 해에 따라 겨울에 태어났으면 冬天(dōngtiān, 겨울)의 冬(dōng) 자를, 용띠 해에 태어났으면 龙(lóng, 용) 자를, 새벽에 태어났으면 새벽을 뜻하는 凌晨(língchén)의 晨(chén) 자를 이름에 쓰기도 해요. 물론 우리나라처럼 형제, 자매 간에 돌림자를 쓰기도 합니다.

여러분의 중국어 이름은 무엇인가요? 아래에 자신의 이름을 중국어로 적고 한어병음을 표기해 보세요. 친구들에게 자신의 이름을 중국어로 정확하게 소개해 봅시다!

3화 Nǐ jiào shénme míngzi?
你叫什么名字?

APP 학습

또~만났네! 또~만났어.
과연 그의 첫인사는?

3화 미리보기

아침 출근 길, 까오페이는 동네 강아지와 인사하고 있는 린티엔아이에게 말을 건다. 린티엔아이는 그에게 함께 출근하자고 제안하는데…….

학습 포인트

이름 묻고 답하기 | 제안하기

3화 你叫什么名字? Nǐ jiào shénme míngzi?

당신의 이름은 무엇인가요?

린티엔아이	너 이름이 뭐니?
Jody	얘 이름은 '핑궈'예요.
린티엔아이	안녕, 핑궈야!

까오페이	좋은 아침입니다!
린티엔아이	안녕하세요!
Jody	안녕하세요. 저는 Jody예요. 성함이 어떻게 되세요?
까오페이	안녕하세요. 제 이름은 까오페이입니다.
Jody	또 만나요!

린티엔아이	회사 가세요?
까오페이	네.
린티엔아이	같이 가요.
까오페이	좋아요!

3화 SCENE

03-01

SCENE #1

린티엔아이	你叫什么名字? 니 찌아오 션머 밍쯔 Nǐ jiào shénme míngzi?
Jody	它叫苹果。 타 찌아오 핑궈 Tā jiào Píngguǒ.
린티엔아이	你好，苹果! 니 하오 핑궈 Nǐ hǎo, Píngguǒ!

SCENE #2

까오페이	早上好! 자오상 하오 Zǎoshang hǎo!
린티엔아이	早! 자오 Zǎo!
Jody	你好，我叫Jody，你叫什么名字? Nǐ hǎo, wǒ jiào Jody, nǐ jiào shénme míngzi? 니 하오 워 찌아오 Jody, 니 찌아오 션머 밍쯔
까오페이	你好，我叫高飞。 니 하오 워 찌아오 까오페이 Nǐ hǎo, wǒ jiào Gāo Fēi.
Jody	再见! 짜이지엔 Zàijiàn!

새단어 모음.zip

03-02

什么 shénme 대 무엇, 무슨

名字 míngzi 명 이름

它 tā 대 그, 저, 그것, 저것 [사람 이외의 사물을 가리킴]

苹果 píngguǒ 명 사과 (※본문에서는 고유명사로 쓰여 강아지 이름을 나타냄)

SCENE #8

린티엔아이　你去公司吗? 니 취 꿍스 마
Nǐ qù gōngsī ma?

까오페이　对。 뚜에이
Duì.

린티엔아이　一起去吧。 이치 취 바
Yìqǐ qù ba.

까오페이　好! 하오
Hǎo!

去 qù 동 가다
公司 gōngsī 명 회사
吗 ma 조 ~요?, ~까? [문장 끝에 쓰여 의문을 나타냄]
对 duì 형 맞다, 옳다

一起 yìqǐ 부 같이, 함께
吧 ba 조 [문장 끝에 쓰여 상의, 제안, 추측, 명령의 어기를 나타냄]

一(yī)의 성조 변화

숫자 1을 뜻하는 '一(yī)'의 성조는 제1성이지만, 뒤 음절의 성조에 따라 변하기도 해.

(1) '一'가 제1, 2, 3성 앞에 올 경우에는 제4성(yì)으로 발음한다.

(2) '一'가 제4성이나 제4성이 변해서 경성이 된 음절 앞에 올 경우에는 제2성(yí)으로 발음한다.

(3) '一'가 단음절이거나, 단어의 끝에 오거나, 서수사로 쓰일 때는 성조가 변하지 않는다.

예 yī | tóngyī | dì yī

체크체크 녹음을 따라 읽으며 '一'의 성조 변화를 연습해 보세요.

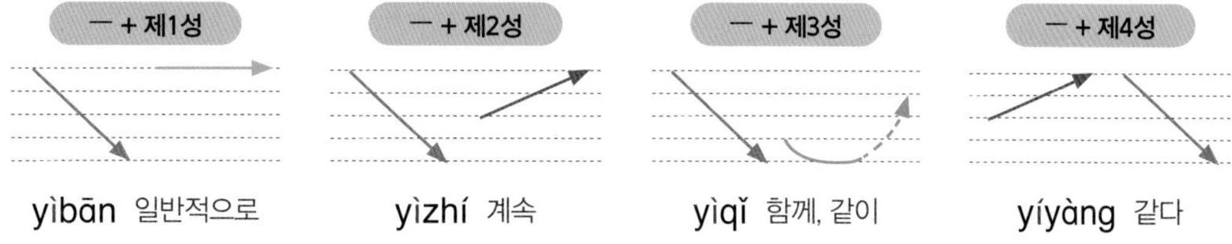

yìbān 일반적으로 | yìzhí 계속 | yìqǐ 함께, 같이 | yíyàng 같다

운모 ü

운모 ü(위)를 발음할 때는 입을 최대한 동그랗게 오므려서 발음하고 동그란 입 모양을 쭉 유지해 줘야 해. 여기에 별표★ 100개!
성모 j, q, x에 운모 ü가 오면 운모 ü 위의 두 점은 생략하고, u로 표기한다는 것도 기억하자.

체크체크 운모 'ü'에 주의하여 녹음을 따라 읽어 보세요.

júzi 귤 | jùzi 문장 | qù 가다

운모 ui

운모 'ui'는 어떻게 발음해야 할까? 'ui'는 'uei'에서 'e'가 생략된 형태야. 따라서 'ui'를 발음할 때는 '우이'가 아니라 '우웨이'로 발음해야 해!

체크체크 운모 'ui'에 주의하여 녹음을 따라 읽어 보세요.

duì 맞다 | shuǐ 물 | guì 비싸다

어법모음.zip ⊙ 03-04

의문대명사

'무엇' '누구' '얼마' '어떻게' '어디' '어느' 등을 나타내는 것이 의문대명사야. 이 의문대명사를 사용해서 의문문을 만들 수 있어. 사람, 사물, 사실 등 구체적인 내용을 물어볼 때 쓰는데, 의문대명사가 쓰여도 문장의 어순은 평서문과 같아.

의문대명사

什么 shénme 무엇	谁 shéi 누구	多少 duōshao 얼마
怎么 zěnme 어떻게	哪里/哪儿 nǎlǐ/nǎr 어디	哪个 nǎge 어느 것

- 你去哪里/哪儿? 당신은 어디에 가나요?
  Nǐ qù nǎlǐ/nǎr?
- 他是谁? 그는 누구인가요?
  Tā shì shéi?

의문대명사 '什么'

'什么'는 의문대명사야. '무슨' '무엇'이라는 뜻으로, 구체적인 내용을 묻는 의문문을 만들 수 있지. '주어+동사+什么+(명사)'의 형식으로 주로 쓰여.

- 他买什么? 그는 무엇을 사나요?
  Tā mǎi shénme?
- 你用什么手机? 당신은 무슨 핸드폰을 사용해요?
  Nǐ yòng shénme shǒujī?
- 你吃什么菜? 당신은 무슨 요리를 먹나요?
  Nǐ chī shénme cài?

어기조사 '吗'

'吗(ma)'는 의문을 나타내는 어기조사야. 평서문 끝에 어기조사 '吗'를 붙이면 의문문을 만들 수 있어. 그래서 '吗'는 항상 문장부호 '물음표(?)'와 함께 하지. 다만 '吗'와 앞에서 배운 의문대명사(什么, 谁, 多少 등)는 함께 사용할 수 없다는 것을 기억해.

- 他叫高飞吗? 그의 이름은 까오페이입니까?
  Tā jiào Gāo Fēi ma?
- 你认识他吗? 당신은 그를 아나요?
  Nǐ rènshi tā ma?

어기조사 '吧'

어기조사 '吧(ba)'는 쓰임이 아주 다양해. 문장 끝에서 쓰여 '제안, 요청, 추측, 명령' 등의 뜻을 나타내.

- 一起去图书馆吧。 같이 도서관에 가자. [제안]
  Yìqǐ qù túshūguǎn ba.
- 我们回家吧。 우리 집에 돌아가자. [제안]
  Wǒmen huí jiā ba.
- 它叫苹果吧? 얘 이름은 핑궈죠? [추측]
  Tā jiào Píngguǒ ba?

03-05

谁 shéi 대 누구, 아무 | 用 yòng 동 사용하다 | 手机 shǒujī 명 핸드폰 | 吃 chī 동 먹다 | 菜 cài 명 요리, 음식 | 认识 rènshi 동 알다, 인식하다 | 图书馆 túshūguǎn 명 도서관 | 回 huí 동 돌아가다 | 家 jiā 명 집

You Quiz?!

1 녹음을 듣고 사진과 일치하면 O, 일치하지 않으면 X를 표시하세요. 03-06

(1) 

(2)

2 녹음을 듣고 내용에 알맞은 사진을 고르세요. 03-07

(1) ①  ②  ③ 

(2) ①  ②  ③ 

(3) ①  ②  ③ 

3 주어진 단어를 활용해 바꿔 말해 보세요.

食堂 shítáng
식당

超市 chāoshì
슈퍼마켓

学校 xuéxiào
학교

(1) 你去公司吗? Nǐ qù gōngsī ma?

(2) 一起去图书馆吧! Yìqǐ qù túshūguǎn ba!

4 의미에 맞게 주어진 단어를 바르게 배열하세요.

(1)

你	什么	叫	名字
nǐ	shénme	jiào	míngzi

당신의 이름은 무엇입니까?

______________________?

(2)

他	图书馆	吗	去
tā	túshūguǎn	ma	qù

그는 도서관에 가나요?

______________________?

(3)

一起	学校	吧	我们	去
yìqǐ	xuéxiào	ba	wǒmen	qù

우리 함께 학교에 가자!

______________________!

5 다음 메신저 질문에 중국어로 답해 보세요.

우 선생

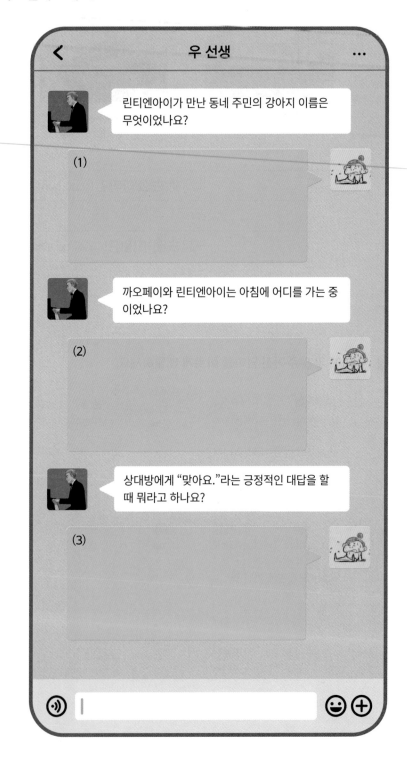

린티엔아이가 만난 동네 주민의 강아지 이름은 무엇이었나요?

(1)

까오페이와 린티엔아이는 아침에 어디를 가는 중이었나요?

(2)

상대방에게 "맞아요."라는 긍정적인 대답을 할 때 뭐라고 하나요?

(3)

6 빈칸에 들어갈 알맞은 말을 골라 대화를 완성하세요. 03-08

보기				
	什么 shénme	谁 shéi	吗 ma	哪儿 nǎr

(1)

A 你去＿＿＿＿＿＿＿? 你去公司＿＿＿＿＿＿＿?

Nǐ qù ＿＿＿＿＿＿＿? Nǐ qù gōngsī ＿＿＿＿＿＿＿?

B 我去公司。
Wǒ qù gōngsī.

(2)

A 你叫＿＿＿＿＿＿＿名字?

Nǐ jiào ＿＿＿＿＿＿＿ míngzi?

B 我叫王豆豆。
Wǒ jiào Wáng Dòudou.

(3)

A 他是＿＿＿＿＿＿＿?

Tā shì ＿＿＿＿＿＿＿?

B 他是高飞。
Tā shì Gāo Fēi.

중알못도 중잘알

#비즈니스중국어 #이름말고 #성씨물어보기

중국인들은 일상생활에서 이름을 물어볼 때, 간단히 "你叫什么?(Nǐ jiào shénme?)"라고 말해요. 하지만 공식적인 비즈니스 자리에서는 예의를 갖춰 상대방의 성씨만 물어봅니다.

 **您贵姓?** Nín guì xìng? 성함이 어떻게 되십니까?

'贵(guì)'는 '귀하다'라는 뜻으로, '贵'가 들어가면 상대를 존중하는 의미가 됩니다. '姓(xìng)'은 성씨를 의미하죠. '您贵姓?'이라고 물어봐도 상대방은 이름까지 알려 주니 걱정마세요. 이때 명함을 주고받기도 하고요.

학교에서 새로운 친구를 사귈 때도 요즘은 중국의 대표 메신저인 '위챗(WeChat)'에 친구 추가를 하는 것이 먼저입니다. 중국어로는 '微信(wēixìn)'이라고 하죠. 중국에 가거나 중국 친구를 만나기 전에 '위챗'을 다운로드하는 건 이제 필수예요! 중국인은 상대와 친해지고 싶을 때, 서로 위챗에 친구 추가를 할 수 있는지 물어봅니다.

 **有微信吗?** Yǒu wēixìn ma? 위챗 있어요?

상대방의 QR코드를 스캔한 후 친구를 맺을 수 있어요. 위챗 창에 있는 ⊕의 '扫一扫(sǎo yi sǎo, 스캔하다)'를 눌러 상대방의 QR코드를 스캔하거나, '我'의 이름 옆에 QR코드를 보여 주어 상대방이 스캔하도록 할 수 있어요.

你扫我。 Nǐ sǎo wǒ. 당신이 나를 스캔해요.
我扫你。 Wǒ sǎo nǐ. 내가 당신을 스캔할게요.

4화 Wǒ shì yīshēng. 我是医生。

APP 학습

운전 잘하는 여자 린티엔아이, 그녀의 직업 공개!

4화 미리보기

까오페이는 린티엔아이가 운전하는 차에 타게 되었다. 그들은 함께 출근하며 서로에 대해 좀 더 알아가게 된다.

학습 포인트

직업 묻고 답하기 | 고향 묻고 답하기

4화 我是医生。Wǒ shì yīshēng. 나는 의사입니다.

Xièxie!
谢谢!
Bú kèqi.
不客气。

Nǐ shì lǎoshī ma?
你是老师吗?

Wǒ bú shì lǎoshī,
我不是老师,
wǒ shì yīshēng.
我是医生。
Nǐ ne?
你呢?

Wǒ shì shèjìshī.
我是设计师。

까오페이	고마워요.
린티엔아이	별말씀을요.
까오페이	당신은 선생님인가요?
린티엔아이	저는 선생님이 아니고, 의사예요. 당신은요?
까오페이	저는 디자이너예요.

린티엔아이	당신은 베이징 사람인가요?
까오페이	저는 베이징 사람이 아니에요. 저는 상하이 사람이에요.

4화 SCENE

04-01

SCENE #1

까오페이	谢谢！ 씨에씨에 Xièxie!
린티엔아이	不客气。 부커치 Bú kèqi.
까오페이	你是老师吗？ 니 스 라오스 마 Nǐ shì lǎoshī ma?
린티엔아이	我不是老师，我是医生。你呢？ 워 부 스 라오스 워 스 이셩 니 너 Wǒ bú shì lǎoshī, wǒ shì yīshēng. Nǐ ne?
까오페이	我是设计师。 워 스 셔지스 Wǒ shì shèjìshī.

SCENE #2

린티엔아이	你是北京人吗？ 니 스 베이징 런 마 Nǐ shì Běijīng rén ma?
까오페이	我不是北京人，我是上海人。 워 부 스 베이징 런 워 스 상하이 런 Wǒ bú shì Běijīng rén, wǒ shì Shànghǎi rén.

새단어모음.zip

04-02

老师 lǎoshī 명 선생님
医生 yīshēng 명 의사
不 bù 부 ~아니다 [부정(否定)을 나타냄]
呢 ne 조 [문장 끝에 쓰여 의문의 어기를 나타냄]
设计师 shèjìshī 명 설계사, 디자이너
北京 Běijīng 고유 베이징 [지명]
上海 Shànghǎi 고유 상하이 [지명]
人 rén 명 사람

한어병음 표기법

한어병음을 표기할 때 규칙이 있다는 거 알아? 아래 규칙들을 간단하게 알아 두자!

(1) 문장의 처음과 고유명사(이름, 장소 등)의 첫 글자는 대문자로 표기한다.

예 Nǐ shì Běijīng rén ma?

(2) 이름을 쓸 때는 성과 이름을 띄어 쓰고, 각각의 첫 글자는 대문자로 표기한다.

예 Gāo Fēi | Lín Tiān'ài

(3) a, o, e로 시작하는 음절이 어떤 음절 바로 뒤에 올 때는 구분을 위해 격음부호(')를 표기한다. '天爱'의 한어병음은 'Tiān'ài'인데, 만약 격음부호가 없다면 'Tiā nài' 라고 잘못 읽을 수 있기 때문이다.

不(bù)의 성조 변화

'~아니다'라는 뜻을 나타내는 부정부사 '不(bù)'의 성조는 제4성이야. 하지만 '不'의 뒤에 제4성 음절이 올 경우에는 '不'를 제2성으로 발음해야 해. '不'의 성조 변화 시, 성조 표기도 바뀐 성조로 해야 해.

✓체크체크 '不'의 발음 변화에 주의하여 녹음을 따라 읽어 보세요.

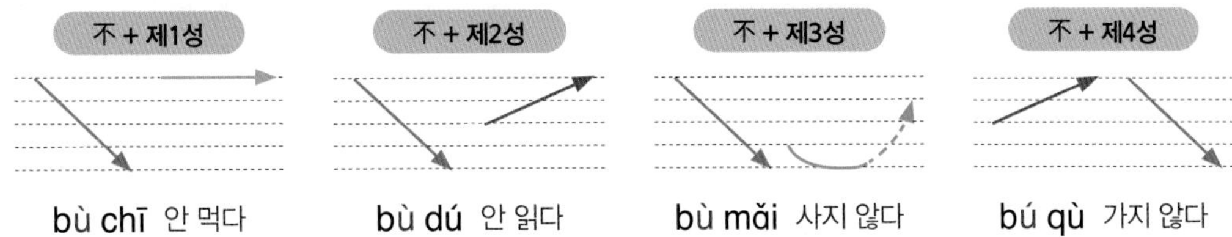

bù chī 안 먹다 | bù dú 안 읽다 | bù mǎi 사지 않다 | bú qù 가지 않다

'是'자문

동사 '是(shì)'는 '~이다'라는 뜻으로, '是자문'이란 '是'가 술어로 쓰이는 문장을 말해.

	A	是	B
'是'자문 :	주어	술어	목적어

A是B: A는 B이다

- 我是学生。 나는 학생이다.
  Wǒ shì xuésheng.
- 爸爸是公司职员。 아버지는 회사원이다.
  Bàba shì gōngsī zhíyuán.

부정부사 '不'

부정부사는 말 그대로 문장을 부정하는 부사야. 부정부사 '不(bù)'는 동사나 형용사 앞에서 현재 또는 미래를 부정할 때 쓰여. 앞에서 배운 '是자문'의 부정형은 동사 '是' 앞에 부정부사 '不'를 붙이면 돼.

A不是B: A는 B가 아니다

- 我不忙。 나는 바쁘지 않다.
  Wǒ bù máng.
- 他不喜欢你。 그는 당신을 좋아하지 않는다.
  Tā bù xǐhuan nǐ.
- 我不吃苹果。 나는 사과를 먹지 않는다.
  Wǒ bù chī píngguǒ.
- 妈妈不是老师。 엄마는 선생님이 아니다.
  Māma bú shì lǎoshī

체크체크 밑줄 친 부분에 주어진 단어를 넣어 말해 보세요.

A 你去医院吗？
B 我不去医院，我去学校。

去学校 qù xuéxiào 학교에 가다 / 去图书馆 qù túshūguǎn 도서관에 가다
去超市 qù chāoshì 슈퍼마켓에 가다 / 去公司 qù gōngsī 회사에 가다

어기조사 '呢'

"밥 먹었어?" "어, 너는?"처럼 대화할 때 앞의 질문에 대해 그대로 되물을 때가 있잖아? 이럴 때 중국어에서는 어기조사 '呢(ne)'를 사용해. '~은/는?'의 뜻으로, 앞의 화제를 이어 받아서 같은 내용을 질문할 때 쓰면 돼.

- A 你最近好吗？ 요즘 잘 지내니?
  Nǐ zuìjìn hǎo ma?

  B 很好，你呢？ 잘 지내. 너는?
  Hěn hǎo, nǐ ne?

  A 还可以。 그럭저럭 지내.
  Hái kěyǐ.

- A 他叫什么？ 그의 이름은 무엇인가요?
  Tā jiào shénme?

  B 他叫高飞，(他)是设计师。 그의 이름은 까오페이예요. 그는 디자이너예요.
  Tā jiào Gāo Fēi, (tā) shì shèjìshī.

  A 她呢？ 그녀는요?
  Tā ne?

  B 她叫林天爱，(她)是医生。 그녀의 이름은 린티엔아이예요. 그녀는 의사예요.
  Tā jiào Lín Tiān'ài, (tā) shì yīshēng.

지역/국가/분야+人

자신이 어느 지역 사람인지 혹은 어느 나라 사람인지를 말하고 싶을 때는 지역이나 나라를 나타내는 단어 뒤에 '사람'을 뜻하는 '人(rén)'을 붙여서 표현할 수 있어. 이외에도 어떤 직업 분야 혹은 행위 뒤에 '人'을 붙여서 특정 유형의 사람을 나타내기도 해.

- 奶奶是广东人，爷爷是香港人。 할머니는 광둥 사람, 할아버지는 홍콩 사람이다.
  Nǎinai shì Guǎngdōng rén, yéye shì Xiānggǎng rén.
- 他不是首尔人，他是釜山人。 그는 서울 사람이 아니고, 부산 사람이다.
  Tā bú shì Shǒu'ěr rén, tā shì Fǔshān rén.
- "市场人"总是很忙。 마케팅(에 종사하는) 사람들은 항상 바쁘다.
  "Shìchǎngrén" zǒngshì hěn máng.
- "打工人"经常加班。 노동자들은 자주 야근한다.
  "Dǎgōng rén" jīngcháng jiābān.

Tip Tip

'打工人'에서 '打工(dǎgōng)'은 '일하다, 아르바이트 하다'라는 뜻인데, 뒤에 '人'이 붙어 모든 노동자를 통칭하는 의미로 쓰인다.

✓체크체크 밑줄 친 부분에 주어진 단어를 넣어 말해 보세요.

A 你是北京人吗?
B 我不是北京人，我是上海人。

老师 lǎoshī 선생님 / 学生 xuésheng 학생
首尔人 Shǒu'ěr rén 서울 사람 / 釜山人 Fǔshān rén 부산 사람

레벨업단어 04-05

爸爸 bàba 명 아빠, 아버지 | 公司职员 gōngsī zhíyuán 명 회사원 | 忙 máng 형 바쁘다 | 喜欢 xǐhuan 동 좋아하다 | 妈妈 māma 명 엄마, 어머니 | 超市 chāoshì 명 슈퍼마켓 | 最近 zuìjìn 명 최근, 요즘 | 还可以 hái kěyǐ (그럭저럭) 괜찮다 | 广东 Guǎngdōng 고유 광둥 [지명] | 奶奶 nǎinai 명 할머니 | 爷爷 yéye 명 할아버지 | 香港 Xiānggǎng 고유 홍콩 [지명] | 首尔 Shǒu'ěr 고유 서울 | 釜山 Fǔshān 고유 부산 | 总是 zǒngshì 부 늘, 줄곧 | 经常 jīngcháng 부 항상 | 加班 jiābān 동 야근하다

You Quiz?!

1 녹음을 듣고 사진과 일치하면 O, 일치하지 않으면 X를 표시하세요. 04-06

(1)  ☐

(2)  ☐

2 녹음을 듣고 내용에 알맞은 사진을 고르세요. 04-07

(1) ①  ②  ③ 

(2) ①  ②  ③ 

(3) ① 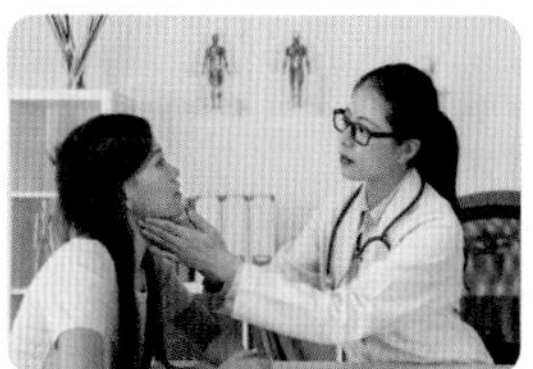 ②  ③ 

3 의미에 맞게 주어진 단어를 바르게 배열하세요.

(1)

是 shì	他 Tā	高飞 Gāo Fēi	叫 jiào	人 rén	北京 Běijīng

그의 이름은 까오페이이고, 그는 베이징 사람이에요.

____。

(2)

老师 lǎoshī	不是 bú shì	是 shì	我 wǒ	学生 xuésheng	我 wǒ

나는 선생님이 아니라 학생입니다.

____。

4 주어진 의미에 맞게 문장을 완성해 보세요.

(1) 형은 디자이너가 아니라 의사이다.

哥哥__________设计师，他__________医生。

Gēge __________ shèjìshī, tā __________ yīshēng.

(2) 나는 회사에 가는 것이 아니라 병원에 간다.

我__________公司，我__________医院。

Wǒ __________ gōngsī, wǒ __________ yīyuàn.

(3) 엄마는 사과를 사는 것이 아니라 수박을 산다.

妈妈__________苹果，她__________西瓜。

Māma __________ píngguǒ, tā __________ xīguā.

5 다음 메신저 질문에 중국어로 답해 보세요.

6 웹툰 4화의 내용을 다시 읽고 질문에 답해 봅시다.

까오페이 谢谢！ 고마워요.
린티엔아이 不客气。 별말씀을요.
까오페이 你是老师吗？ 당신은 선생님인가요?
린티엔아이 我不是老师，我是医生。你呢？ 저는 선생님이 아니고, 의사예요. 당신은요?
까오페이 我是设计师。 저는 디자이너예요.

린티엔아이 你是北京人吗？ 당신은 베이징 사람인가요?
까오페이 我不是北京人，我是上海人。 저는 베이징 사람이 아니에요. 저는 상하이 사람이에요.

(1) 高飞는 어느 지역 사람인가요?

- ☐ 上海人 Shànghǎi rén
- ☐ 南京人 Nánjīng rén
- ☐ 北京人 Běijīng rén

(2) 林天爱의 직업은 무엇인가요?

- ☐ 医生 yīshēng
- ☐ 老师 lǎoshī
- ☐ 设计师 shèjìshī

(3) 高飞의 직업은 무엇인가요?

- ☐ 医生 yīshēng
- ☐ 老师 lǎoshī
- ☐ 设计师 shèjìshī

5화 Nǐ hěn piàoliang.
你很漂亮。

APP 학습

까오페이의 동료들,
린티엔아이에게
반하다!?

5화 미리보기

회사 지하 주차장에 도착한 두 사람은 우연히 까오페이의 외국인 동료 두 명을 만난다. 그들은 린티엔아이를 처음 보고 예쁘다고 칭찬하는데…….

학습 포인트

칭찬하기 | 관계 설명하기

▶ 5화 你很漂亮。 Nǐ hěn piàoliang. 참 예쁘시네요.

!!
Zǎo!
早!

Jīn Zhōngmíng!
金中明!

Zhè shì nǐ de péngyou ma?
这是你的朋友吗?

찐쭝밍	안녕!
까오페이	찐쭝밍!
찐쭝밍	이 분은 네 친구시니?

Zhè shì wǒ de línjū.
这是我的邻居。

Nǐ hǎo, wǒ jiào Lín Tiān'ài.
你好，我叫林天爱。

Nǐ hǎo, nǐ hěn piàoliang.
你好，你很漂亮。

Xièxie.
谢谢。

Zhè shì nǐ de chē ma?
这是你的车吗？
Duì.
对。

Nǐ de chē yě hěn piàoliang.
你的车也很漂亮。

까오페이	이 분은 내 이웃이야.
린티엔아이	안녕하세요, 린티엔아이라고 합니다.
찐쭝밍	안녕하세요. 참 예쁘시네요.
린티엔아이	고마워요.
찐쭝밍	이건 당신의 차인가요?
린티엔아이	맞아요.
찐쭝밍	당신의 차도 예쁘네요.

5화 SCENE

05-01

SCENE #1

찐쭝밍 早！
Zǎo!

까오페이 金中明！
Jīn Zhōngmíng!

찐쭝밍 这是你的朋友吗？
Zhè shì nǐ de péngyou ma?

SCENE #2

까오페이 这是我的邻居。
Zhè shì wǒ de línjū.

린티엔아이 你好，我叫林天爱。
Nǐ hǎo, wǒ jiào Lín Tiān'ài.

찐쭝밍 你好，你很漂亮。
Nǐ hǎo , nǐ hěn piàoliang.

린티엔아이 谢谢。
Xièxie.

찐쭝밍 这是你的车吗？
Zhè shì nǐ de chē ma?

린티엔아이 对。
Duì.

찐쭝밍 你的车也很漂亮。
Nǐ de chē yě hěn piàoliang.

새단어모음.zip

05-02

这 zhè 대 이, 이것
的 de 조 ~의, ~한 [수식 관계를 나타내는 구조조사]
朋友 péngyou 명 친구
邻居 línjū 명 이웃, 이웃집
很 hěn 부 매우, 아주
漂亮 piàoliang 형 예쁘다, 아름답다
车 chē 명 차, 수레
也 yě 부 ~도, 역시
金中明 Jīn Zhōngmíng 고유 찐쭝밍 [인명]

구조조사 '的'

'的(de)'는 '~의' '~한'이라는 뜻이야. 뒤에 오는 중심어를 수식하는데, 때에 따라서 생략도 가능해!

(1) 소유, 소속 관계를 나타낼 때, '的'를 쓸 수 있다.

- 我的书 내 책
  Wǒ de shū
- 王老师的学生 왕 선생님의 학생
  Wáng lǎoshī de xuésheng

(2) 중심어가 가족, 친구, 소속 단체일 경우에는 '的'를 생략할 수 있다.

- 我姐姐 나의 누나
  wǒ jiějie
- 他哥哥 그의 형
  tā gēge
- 我们学校 우리 학교
  wǒmen xuéxiào
- 我(的)家很远。 우리집은 멀다.
  Wǒ (de) jiā hěn yuǎn.
- 我们(的)公司在德国。 우리(의) 회사는 독일에 있다.
  Wǒmen (de) gōngsī zài Déguó.

형용사술어문

'你很漂亮(참 예쁘시네요)'처럼 술어가 형용사인 문장을 '형용사술어문'이라고 해. 평서문에서 단순 형용사술어 앞에는 형용사의 '정도'를 표현하는 '정도부사'가 놓여. 가장 대표적인 정도부사는 '很(hěn)'이라고 할 수 있지. 부정형은 형용사 앞에 정도부사 대신 '不(bù)'를 쓰면 돼.

- 心情很好。 기분이 좋다. [긍정]
  Xīnqíng hěn hǎo.
- 心情不好。 기분이 안 좋다. [부정]
  Xīnqíng bù hǎo.
- 她真漂亮。 그녀는 정말 예쁘다. [긍정]
  Tā zhēn piàoliang.
- 她不漂亮。 그녀는 안 예쁘다. [부정]
  Tā bú piàoliang.

- 牛奶很好喝。 우유가 맛있다.
  Niúnǎi hěn hǎohē.

- 老师的工作很忙。 선생님의 업무는 매우 바쁘다.
  Lǎoshī de gōngzuò hěn máng.

- 你的小狗非常可爱！ 네 강아지 엄청 귀엽구나!
  Nǐ de xiǎo gǒu fēicháng kě'ài!

Tip Tip

정도부사

정도부사는 형용사 앞에서 형용사의 정도를 표현해 준다. 그런데 그중 '很(hěn)'은 문장의 완성을 도와줄 뿐, 본래 가진 '매우'라는 강조의 의미가 약화했다. 하지만 다른 정도부사는 본래의 뜻대로 해석해야 한다. 정도부사는 정말 다양하지만 오늘은 자주 쓰이는 몇 가지만 알아 보자!

很 hěn 매우, 아주 | **真** zhēn 확실히, 정말로 | **非常** fēicháng 매우 | **比较** bǐjiào 비교적

부사 '也'

'也(yě)'는 '~도' '~역시'라는 뜻으로, 매우 자주 쓰이는 부사야. 보통 주어 뒤 술어 앞에 놓여. 형용사술어문에서 '也'는 주어 뒤 정도부사 앞에 위치해. 아래의 기본형을 잘 익혀 두자.

주어+也+很(정도부사)+술어

- **A** 我喜欢你。 나는 너를 좋아해.
  Wǒ xǐhuan nǐ.
  B 我也喜欢你。 나도 너를 좋아해.
  Wǒ yě xǐhuan nǐ.

- **A** 我很好。 나는 잘 지내요.
  Wǒ hěn hǎo.
  B 我也很好。 나도 잘 지내요.
  Wǒ yě hěn hǎo.

- **A** 我很忙。 나는 바빠.
  Wǒ hěn máng.
  B 我也很忙。 나도 바빠.
  Wǒ yě hěn máng.

05-04

远 yuǎn 형 멀다 | 姐姐 jiějie 명 누나, 언니 | 德国 Déguó 고유 독일 | 心情 xīnqíng 명 마음, 기분, 심정 | 真 zhēn 부 정말로, 참으로 | 好喝 hǎohē 형 (음료수 등이) 맛있다 | 小狗 xiǎo gǒu 강아지 | 非常 fēicháng 부 매우, 엄청, 대단히

You Quiz?!

1 녹음을 듣고 사진과 일치하면 O, 일치하지 않으면 X를 표시하세요. 05-05

(1)

(2)

(3)

(4)

2 녹음을 듣고 내용에 알맞은 사진을 고르세요. 05-06

(1) ①

②

③

(2) ①
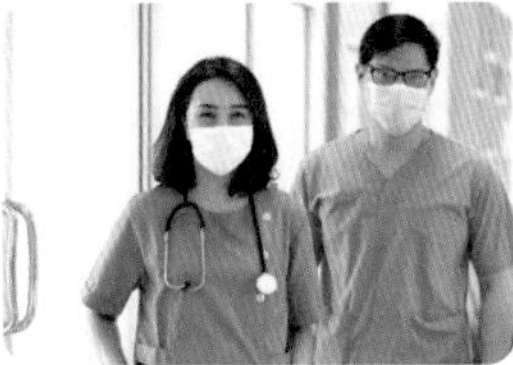
②

③

3 의미에 맞게 주어진 단어를 바르게 배열하세요.

(1)

他	学生	的	我	是
tā	xuésheng	de	wǒ	shì

그는 나의 학생입니다.

____。

(2)

叫	邻居	我的	高飞	是	他
jiào	línjū	wǒ de	Gāo Fēi	shì	tā

그는 나의 이웃이고, 이름은 까오페이입니다.

____。

(3)

是	这	吗	的	老师	车
shì	zhè	ma	de	lǎoshī	chē

이것은 선생님의 차입니까?

____?

4 빈칸에 들어갈 알맞은 말을 골라 문장을 완성해 보세요.

보기	可爱 kě'ài	很 hěn	也 yě

(1) 他的小狗非常__________。 Tā de xiǎo gǒu fēicháng __________.

(2) 妈妈的工作__________忙。 Māma de gōngzuò __________ máng.

(3) A 我去图书馆，你呢？ Wǒ qù túshūguǎn, nǐ ne?

B 我__________去图书馆。 Wǒ __________ qù túshūguǎn.

5 웹툰 속 말풍선에 들어갈 중국어를 빈칸에 쓰고, 자연스럽게 읽어 보세요.

(1)

(2)

6 다음 메신저 질문에 중국어로 답해 보세요.

찐쭝밍
린티엔아이와 까오페이는 어떤 사이인가요?
(1)
까오페이의 직장 동료 찐쭝밍이 린티엔아이를 처음 보고 한 말은 무엇인가요?
(2)
예쁘다는 말에 린티엔아이는 뭐라고 대답했나요?
(3)

6화 Nǐ shì nǎ guó rén? 你是哪国人?

APP 학습

까오페이의 외국인 동료들은
어느 나라 사람일까?

6화 미리보기

린티엔아이는 회사 지하 주차장에서 까오페이의 외국인 동료들을 만나 인사를 나누고, 그들의 국적을 물어본다.

학습 포인트

국적 소개하기 | 감탄의 어감

6화 你是哪国人? Nǐ shì nǎ guó rén? 당신은 어느 나라 사람인가요?

Wǒ jiào Jīn Zhōngmíng,
我叫金中明,
hěn gāoxìng rènshi nǐ.
很高兴认识你。

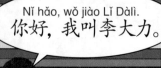

린티엔아이	당신들은 동료인가요?
까오페이	맞아요. 우린 모두 동료예요.
찐쭝밍	제 이름은 찐쭝밍입니다. 만나서 반갑습니다.
린티엔아이	저도 반가워요. 당신은 한국인인가요?
찐쭝밍	저는 한국인이 아니고, 태국인입니다.
리따리	안녕하세요. 저는 리따리라고 합니다.

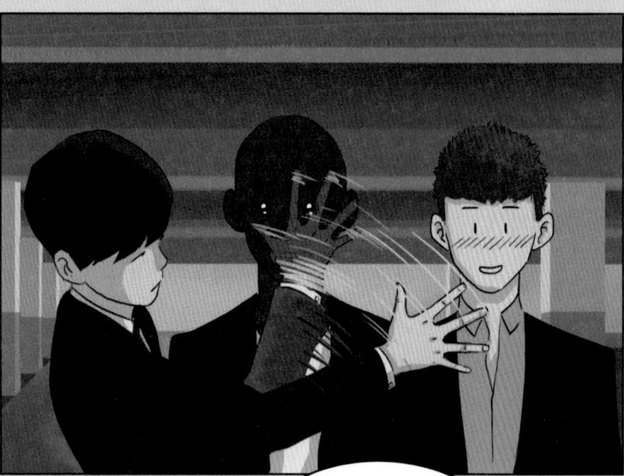

린티엔아이	안녕하세요, 당신은 어느 나라 사람인가요?
리따리	저는 미국인이에요.
린티엔아이	또 봐요!
찐쭝밍, 리따리	저 여자 진짜 예쁘다.

6화 SCENE

06-01

SCENE #1

린티엔아이 你们是同事吗?
Nǐmen shì tóngshì ma?

까오페이 对，我们都是同事。
Duì , wǒmen dōu shì tóngshì.

찐쭝밍 我叫金中明，很高兴认识你。
Wǒ jiào Jīn Zhōngmíng , hěn gāoxìng rènshi nǐ.

린티엔아이 认识你我也很高兴，你是韩国人吗?
Rènshi nǐ wǒ yě hěn gāoxìng, nǐ shì Hánguó rén ma?

찐쭝밍 我不是韩国人，我是泰国人。
Wǒ bú shì Hánguó rén , wǒ shì Tàiguó rén.

리따리 你好，我叫李大力。
Nǐ hǎo , wǒ jiào Lǐ Dàlì.

새단어모음.zip

06-02

你们 nǐmen 대 너희(들), 당신들
我们 wǒmen 대 우리(들)
同事 tóngshì 명 동료, 동업자
都 dōu 부 모두, 다
高兴 gāoxìng 형 기쁘다, 즐겁다
认识 rènshi 동 알다, 인식하다
韩国 Hánguó 고유 한국
泰国 Tàiguó 고유 태국
李大力 Lǐ Dàlì 고유 리따리 [인명]

SCENE #2

린티엔아이 你好，你是哪国人？
Nǐ hǎo , nǐ shì nǎ guó rén?

리따리 我是美国人。
Wǒ shì Měiguó rén.

린티엔아이 再见！
Zàijiàn!

찐쭝밍, 리따리 她好漂亮。
Tā hǎo piàoliang.

哪 nǎ 대 어느, 어떤
国 guó 명 국가, 나라
她 tā 대 그녀
美国 Měiguó 고유 미국

복수형 '们'

'나' '너' 말고 '우리' '너희'처럼 여러 사람을 나타내야 할 때가 있잖아. 그럴 때 쓰는 것이 '们(men)'이야. '你(너)' '我(나)' '他(그)' '她(그녀)' '它(그것)' 등의 인칭대명사나 '老师(선생님)' '朋友(친구)' 같은 명사 뒤에 쓰이지. 하지만 사람이 아닌 사물이나 동물 뒤에는 '们'을 쓰지 않아. 또한 문장 안에 복수라는 것을 알만한 단어가 존재할 때, 구체적인 수량이 표시되어 있을 때도 '们'을 쓰지 않는다는 것을 기억해 두자.

- 我们学习吧。 우리 공부하자.
  Wǒmen xuéxí ba.
- 你们在哪儿? 너희 어디에 있어?
  Nǐmen zài nǎr?
- 同学们好。 학생 여러분, 안녕하세요.
  Tóngxuémen hǎo.
- 我买书们。(×) 我买书。(◯) 나는 책을 산다.
  Wǒ mǎi shū.
- 我们都是同事们。(×) 我们都是同事。(◯) 우린 모두 동료예요.
  Wǒmen dōu shì tóngshì.
- 我们班有二十个同学们。(×) 我们班有二十个学生。(◯) 우리 반에는 스무 명의 학생이 있다.
  Wǒmen bān yǒu èrshí ge xuésheng.

부사 '都'

'都(dōu)'는 '모두' '다'라는 뜻의 부사로, 주로 주어 뒤, 술어 앞에 쓰여서 앞의 사람이나 사물을 종괄하는 의미를 나타내.

- 他们都是中国人。 그들은 모두 중국인이다.
  Tāmen dōu shì Zhōngguó rén.
- 爸爸和妈妈的身体都很好。 아버지와 어머니의 건강은 모두 좋다.
  Bàba hé māma de shēntǐ dōu hěn hǎo.
- 他们都不吃早饭。 그들은 모두 아침밥을 먹지 않는다.
  Tāmen dōu bù chī zǎofàn.

의문대명사 '哪'

'哪(nǎ)'는 '어느' '어떤'이라는 뜻의 의문대명사야. 다른 의문대명사와 마찬가지로 '哪'를 사용해서 의문문을 만들 수 있지. 사람이나 사물을 셀 때 쓰는 양사 '个(ge)'와 자주 함께 쓰여.

- 他是哪国人? 그는 어느 나라 사람입니까?
  Tā shì nǎ guó rén?
- 你要哪个? 당신은 어느 것을 원해요?
  Nǐ yào nǎ ge?
- 哪个衣服是你的衣服? 어떤 옷이 당신 옷인가요?
  Nǎ ge yīfu shì nǐ de yīfu?

好+형용사

'매우 좋다'라는 의미의 '很好(hěn hǎo)'를 알고 있지? 여기서 '好'는 형용사로, '좋다' '훌륭하다'라는 뜻이야. 이번에는 '好'의 다른 의미를 알아보자. '好漂亮(hǎo piàoliang)'의 '好'는 '매우' '아주'라는 의미의 부사로 쓰였어. 이렇게 '好'가 형용사나 동사 앞에 놓여 부사로 쓰일 때는 '정말 ~하다'라는 뜻으로, 감탄의 어감을 나타내.

- 今天天气好热。 오늘 날씨 진짜 덥다.
  Jīntiān tiānqì hǎo rè.
- 今天真的好忙。 오늘 진짜 바쁘네.
  Jīntiān zhēnde hǎo máng.
- 这里人好多! 여기 사람이 정말 많다!
  Zhèlǐ rén hǎo duō!

레벨업단어 06-04

学习 xuéxí 동 학습하다, 공부하다 | 同学 tóngxué 명 학우, 학교 친구 | 班 bān 명 반, 그룹, 조 | 二十 èrshí 수 20, 이십 | 个 ge 양 개, 명 | 身体 shēntǐ 명 신체, 건강 | 早饭 zǎofàn 명 아침밥 | 要 yào 동 필요하다, 원하다 | 衣服 yīfu 명 옷 | 热 rè 형 뜨겁다, 덥다 | 这里 zhèlǐ 대 이곳, 여기 | 多 duō 형 (수량이) 많다

You Quiz?!

1 녹음을 듣고 사진과 일치하면 O, 일치하지 않으면 X를 표시하세요. 06-05

(1) 

(2) 

(3) 

(4) 

2 녹음을 듣고 내용에 알맞은 사진을 고르세요. 06-06

(1) ①  ②  ③ 

(2) ①  ②  ③ 

*加拿大 Jiānádà 캐나다

3 의미에 맞게 주어진 단어를 바르게 배열하세요.

(1) 哪 nǎ　人 rén　你 nǐ　国 guó　是 shì

당신은 어느 나라 사람입니까?

______________________________?

(2) 邻居 línjū　我的 Wǒ de　都 dōu　泰国人 Tàiguó rén　是 shì

나의 이웃은 모두 태국인입니다.

______________________________。

(3) 我 wǒ　认识 rènshi　很 hěn　高兴 gāoxìng　你 nǐ　也 yě

당신을 알게 되어 저도 기쁩니다.

______________________________。

4 제시된 문장과 어울리는 사진을 찾아 보세요.

(1) 我们都是同事。Wǒmen dōu shì tóngshì.

① 

② 

③ 

(2) 我们都是朋友。Wǒmen dōu shì péngyou.

① 

② 

③ 

5 웹툰 6화를 일기 형식으로 재구성한 글입니다. 빈칸에 들어갈 알맞은 말을 골라 문장을 완성하세요.

| 보기 |

高兴	好	认识	的
gāoxìng	hǎo	rènshi	de

(1) 林天爱是高飞__________邻居，她不__________高飞的同事。

Lín Tiān'ài shì Gāo Fēi __________ línjū, tā bú __________ Gāo Fēi de tóngshì.

린티엔아이는 까오페이의 이웃이고, 그녀는 까오페이의 동료를 모른다.

(2) 高飞的同事很__________认识林天爱。

Gāo Fēi de tóngshì hěn __________ rènshi Lín Tiān'ài.

까오페이의 동료는 린티엔아이를 알게 되어 매우 기쁘다.

(3) 林天爱很漂亮，她的车也__________漂亮。

Lín Tiān'ài hěn piàoliang, tā de chē yě __________ piàoliang.

린티엔아이는 매우 예쁘다. 그녀의 차도 아주 예쁘다.

6 다음 메신저 질문에 중국어로 답해 보세요.

린티엔아이
리따리는 어느 나라 사람인가요?
(1)
세 남자는 어떤 사이인가요?
(2)
린티엔아이는 찐쭝밍이 어느 나라 사람인 줄 알았나요?
(3)

7 빈칸에 들어갈 알맞은 말을 골라 대화를 완성하세요. ◉06-07

보기					
	都 dōu	高兴 gāoxìng	哪 nǎ	中国人 Zhōngguó rén	同学们 tóngxuémen

(1)

A 她是韩国人，你是__________国人？

Tā shì Hánguó rén, nǐ shì __________ guó rén?

B 我是__________。

Wǒ shì __________.

(2)

A __________很高兴，

__________ hěn gāoxìng,

老师也很__________，

lǎoshī yě hěn __________,

我们__________很高兴。

wǒmen __________ hěn gāoxìng.

7화 Nǐ yǒu niúnǎi ma?
你有牛奶吗?

APP 학습

까오페이의 집에 간 린티엔아이!

그녀를 반기는 이 귀여운 강아지의 정체는?

7화 미리보기

린티엔아이는 까오페이의 집에 우유를 빌리러 왔다가, 애완동물에 대한 이야기를 나누며 조금씩 가까워진다. 하지만 린티엔아이의 표정은 왠지 모르게 어두워 보이는데…….

학습 포인트

소유 관계를 나타내는 표현 | 부탁·권유 표현

7화 你有牛奶吗? Nǐ yǒu niúnǎi ma? 우유 있나요?

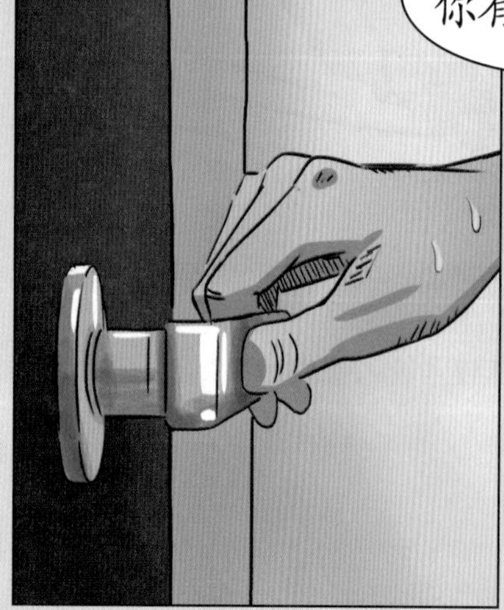

Nǐ yǒu niúnǎi ma?
你有牛奶吗?

Yǒu, wǒ yǒu niúnǎi,
有，我有牛奶，
qǐng jìn.
请进。

린티엔아이	우유 있나요?
까오페이	네, 우유 있어요. 들어오세요.

린티엔아이	고마워요.
까오페이	천만에요.
린티엔아이	강아지가 있네요?
까오페이	맞아요.
린티엔아이	너무 귀엽다! 얘 이름이 뭐예요?
까오페이	Cookie라고 불러요.

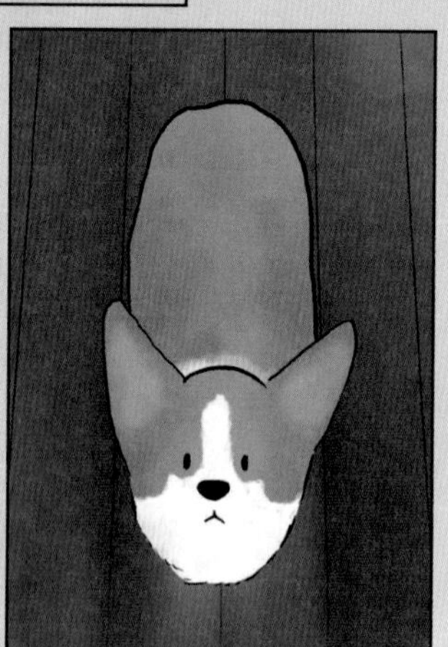

린티엔아이	빙깐(※cookie란 뜻의 중국어)? 안녕, 빙깐!
까오페이	강아지 있어요?
린티엔아이	전 강아지 없어요.
까오페이	고양이는요?
린티엔아이	전 애완동물 없어요.
린티엔아이	또 보자! 빙깐!

7화 SCENE

07-01

SCENE #1

린티엔아이	你有牛奶吗? Nǐ yǒu niúnǎi ma?
까오페이	有，我有牛奶，请进。 Yǒu , wǒ yǒu niúnǎi , qǐng jìn.
린티엔아이	谢谢。 Xièxie.
까오페이	不客气。 Bú kèqi.

SCENE #2

린티엔아이	你有小狗? Nǐ yǒu xiǎo gǒu?
까오페이	对。 Duì.
린티엔아이	它好可爱！ 它叫什么名字? Tā hǎo kě'ài! Tā jiào shénme míngzi?
까오페이	叫Cookie。 Jiào Cookie.

새단어 모음 .zip

07-02

有 yǒu 동 있다, 가지고 있다

牛奶 niúnǎi 명 우유

请 qǐng 동 ~하세요 [상대방에게 어떤 일을 부탁하거나 권할 때 쓰는 높임말]

进 jìn 동 (바깥에서 안으로) 들어가다

小 xiǎo 형 작다

狗 gǒu 명 개

小狗 xiǎo gǒu 강아지

可爱 kě'ài 형 귀엽다

SCENE #3

린티엔아이　饼干？你好，饼干！
Bǐnggān? Nǐ hǎo, Bǐnggān!

까오페이　你有小狗吗？
Nǐ yǒu xiǎo gǒu ma?

린티엔아이　我没有小狗。
Wǒ méiyǒu xiǎo gǒu.

까오페이　小猫呢？
Xiǎo māo ne?

린티엔아이　我没有宠物。
Wǒ méiyǒu chǒngwù.

린티엔아이　再见！饼干！
Zàijiàn! Bǐnggān!

饼干 bǐnggān 명 과자, 비스킷 (※본문에서는 고유명사로 쓰여 강아지 이름을 나타냄)

没有 méiyǒu 동 없다, 아니다

猫 māo 명 고양이

宠物 chǒngwù 명 애완동물

'有'자문

'有(yǒu)'는 '있다' '가지고 있다'는 뜻의 동사야. 술어가 '有'와 그 목적어로 이루어진 문장을 '有'자문이라고 하는데, 이 문형은 일반적으로 소유 관계를 나타내지. 부정형은 '有' 앞에 부정부사 '没(méi)'를 써서 '没有(~이/가 없다)'라고 해야 해.

- 我有苹果手机。 나는 아이폰이 있다.
  Wǒ yǒu píngguǒ shǒujī.
- 王老师有女朋友。 왕 선생님은 여자 친구가 있다.
  Wáng lǎoshī yǒu nǚ péngyou.
- A 你有课吗? 너 오늘 수업 있어?
  Nǐ yǒu kè ma?

  B 我没有课。我们一起去超市吧!
  Wǒ méiyǒu kè. Wǒmen yìqǐ qù chāoshì ba!
  나 수업 없어. 우리 같이 슈퍼마켓 가자!

Tip Tip

'没有'의 또 다른 뜻!

회화에서 '没有'를 반복해서 '没有没有'라고 하면 누군가 자신을 칭찬할 때 겸손 또는 부정의 의미로 '아니에요'라고 말하는 표현이 된다.

A 你好漂亮! 너 정말 예쁘다!
Nǐ hǎo piàoliang!

B 没有没有，你更漂亮! [겸손]
Méiyǒu méiyǒu, nǐ gèng piàoliang!
아니야, 네가 더 예뻐!

✓체크체크 주어진 단어를 사용해 다음 의미를 가진 문장을 만들어 보세요.

有	没有	吗	苹果	他	姐姐	自行车	手机	我
yǒu	méiyǒu	ma	píngguǒ	tā	jiějie	zìxíngchē	shǒujī	wǒ

❶

나는 사과가 있다.

→ ______________________

❷

언니는 자전거가 없다.

→ ______________________

❸

그는 핸드폰이 있나요?

→ ______________________

동사 '请'

'请(qǐng)'은 상대에게 어떤 일을 부탁하거나 권할 때 쓰는 높임말로, '~하세요' '~해 주세요'로 해석할 수 있어. '请' 뒤에 상대에게 바라는 동작을 넣으면 돼. '请进(들어오세요)' '请坐(앉으세요)' '请慢用(천천히 드세요)' 등이 자주 쓰는 표현이야. 이 밖에 다른 사람에게 질문할 때 습관적으로 사용하는 인사치레 표현인 '请问(Qǐng wèn)'도 있어.

- 请坐。 앉으세요.
  Qǐng zuò.
- 请进。 들어오세요.
  Qǐng jìn.
- 请稍等。 잠깐만 기다리세요.
  Qǐng shāo děng.
- 请告诉我。 저에게 알려 주세요.
  Qǐng gàosu wǒ.
- 请喝茶。 차 드세요.
  Qǐng hē chá.
- 请慢走。 안녕히(조심히) 가세요.
  Qǐng mànzǒu.

07-04

女朋友 nǚ péngyǒu 명 여자 친구 | **课** kè 명 수업 | **更** gèng 부 더욱, 더 | **自行车** zìxíngchē 명 자전거 | **问** wèn 동 묻다, 질문하다 | **坐** zuò 동 앉다, (탈 것에) 타다 | **稍** shāo 부 잠시, 잠깐 | **等** děng 동 기다리다 | **告诉** gàosu 동 알리다, 말하다 | **喝** hē 동 마시다 | **茶** chá 명 차 | **慢走** mànzǒu 동 천천히 걷다, 안녕히(조심히) 가세요 [손님을 배웅할 때]

You Quiz?!

1 녹음을 듣고 사진과 일치하면 O, 일치하지 않으면 X를 표시하세요. 07-05

(1)  ☐

(2)  ☐

(3)  ☐

(4)  ☐

2 녹음을 듣고 내용에 알맞은 사진을 고르세요. 07-06

(1) ①  ② 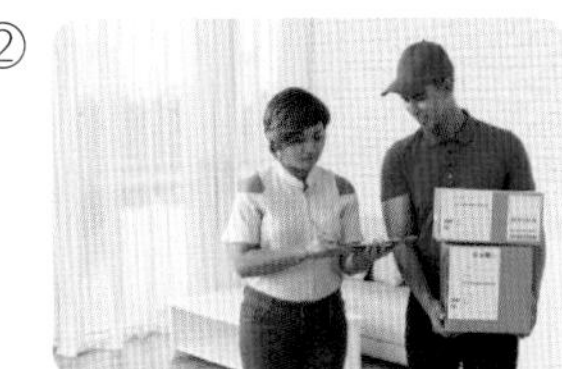 ③ 

(2) ①  ②  ③ 

(3) ①  ②  ③ 

(4) ①  ②  ③ 

3 의미에 맞게 주어진 단어를 바르게 배열하세요.

(1)

哥哥	有	也	我
gēge	yǒu	yě	wǒ

나도 오빠가 있어요.

______________________________。

(2)

车	有	都	朋友们	没
chē	yǒu	dōu	péngyǒumen	méi

친구들 모두 차가 없습니다.

______________________________。

(3)

宠物	没	有	我们	都
chǒngwù	méi	yǒu	wǒmen	dōu

우리는 모두 애완동물이 없어요.

______________________________。

4 다음 메신저 질문에 중국어로 답해 보세요.

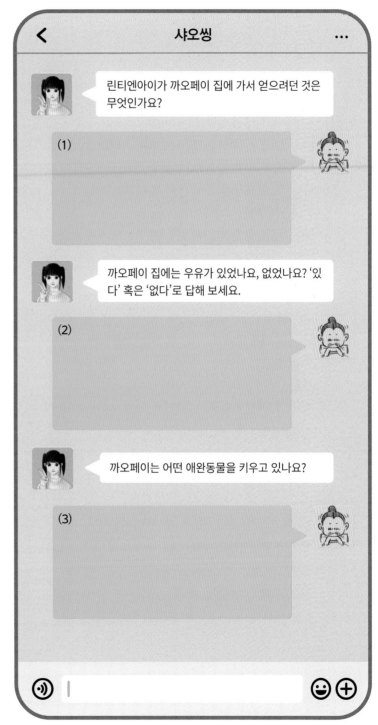

샤오씽

린티엔아이가 까오페이 집에 가서 얻으려던 것은 무엇인가요?

(1)

까오페이 집에는 우유가 있었나요, 없었나요? '있다' 혹은 '없다'로 답해 보세요.

(2)

까오페이는 어떤 애완동물을 키우고 있나요?

(3)

5 웹툰 7화의 내용을 다시 읽고 질문에 답해 봅시다.

린티엔아이 你有牛奶吗? 우유 있나요?
까오페이 有，我有牛奶，请进。 네, 우유 있어요. 들어오세요.

린티엔아이 你有小狗? 它好可爱! 它叫什么名字? 강아지가 있네요? 너무 귀엽다! 얘 뭐라고 불러요?
까오페이 叫Cookie。 쿠키라고 불러요.

린티엔아이 饼干? 你好，饼干! 빙깐? 안녕, 빙깐!
까오페이 你有小狗吗? 강아지 있어요?
린티엔아이 我没有小狗。 난 강아지 없어요.
까오페이 小猫呢? 고양이는요?
린티엔아이 我没有宠物。再见! 饼干! 난 애완동물 없어요. 또 보자! 빙깐!

(1) 린티엔아이는 왜 까오페이의 집에 왔나요?

- ☐ 물어볼 말이 있어서
- ☐ 저녁 초대를 받아서
- ☐ 빌릴 물건이 있어서

(2) 高飞的小狗叫什么名字? Gāo Fēi de xiǎo gǒu jiào shénme míngzi?

- ☐ 它叫可爱。 Tā jiào kě'ài.
- ☐ 它叫小飞。 Tā jiào Xiǎo Fēi.
- ☐ 它叫饼干。 Tā jiào Bǐnggān.

(3) 林天爱有小狗吗? Lín Tiān'ài yǒu xiǎo gǒu ma?

- ☐ 她有小狗。 Tā yǒu xiǎo gǒu.
- ☐ 她没有宠物。 Tā méiyǒu chǒngwù.
- ☐ 她有小猫。 Tā yǒu xiǎo māo.

8화 Zhuōzi shang yǒu shénme? 桌子上有什么?

APP 학습

까오페이 회사의 문서를
훔치러 온 두 명의 도둑들!
그들의 정체는!?

8화 미리보기

어느 늦은 밤, 회사 건물에 도둑처럼 보이는 검은 옷을 입은 여자와 복면을 쓴 남자가 나타났다. 복면을 쓴 남자는 여자가 훔친 문서를 빼앗으려다 둘 사이에 싸움이 일어나게 되는데…….

학습 포인트

존재문 | 수량사 | 정도 표현

▶ 8화 桌子上有什么? Zhuōzi shang yǒu shénme?

책상 위에 무엇이 있나요?

Nǐ kàn, zhuōzi shang yǒu shénme?
你看，桌子上有什么?

Zhuōzi shang yǒu yí ge diànnǎo.
桌子上有一个电脑。

〈경비실〉

경비원A	이것 봐요, 책상 위에 뭐가 있죠?
경비원B	책상 위에 컴퓨터 한 대 있잖아요.
경비원A	우리 한번 보고 와요.

Tài hǎo le,
太好了，
wénjiàn zài zhèr.
文件在这儿。

Nǐ hǎo, Wǔ xiānsheng.
你好，午先生。
Xiànzài tā shì wǒ de.
现在它是我的。

린티엔아이	좋아, 서류가 여기 있군.
우 선생	서류는 제 겁니다.
린티엔아이	우 선생님, 안녕하세요. 지금 이건 제 거에요.

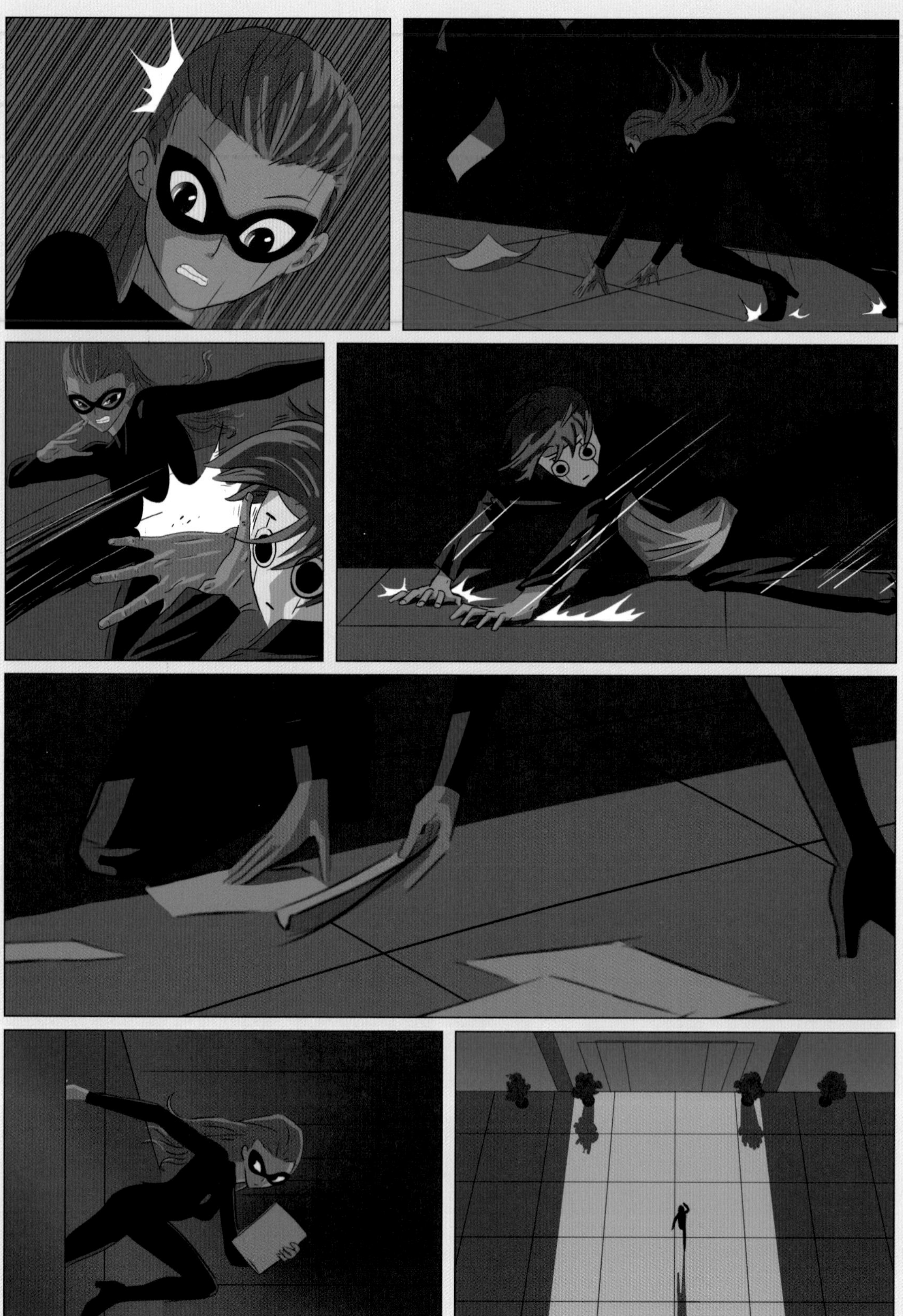

경비원 A 여기 사람이 있다!

린티엔아이	너무 아파!
까오페이	티엔아이! 집에 있어요?
린티엔아이	까오페이?
까오페이	있어요?
린티엔아이	있어요. 저 집에 있어요! 잠깐만 기다려요!

8화 SCENE

08-01

SCENE #1

《保安室》
bǎo'ānshì

경비원A 你看，桌子上有什么?
Nǐ kàn , zhuōzi shang yǒu shénme?

경비원B 桌子上有一个电脑。
Zhuōzi shang yǒu yí ge diànnǎo.

경비원A 我们去看一下。
Wǒmen qù kàn yíxià.

SCENE #2

린티엔아이 太好了，文件在这儿。
Tài hǎo le, wénjiàn zài zhèr.

우 선생 文件是我的。
Wénjiàn shì wǒ de.

린티엔아이 你好，午先生。现在它是我的。
Nǐ hǎo, Wǔ xiānsheng. Xiànzài tā shì wǒ de.

새단어모음.zip

08-02

保安室 bǎo'ānshì 명 경비실
桌子 zhuōzi 명 책상, 탁자
上 shang 명 위, 위쪽
个 ge 양 개, 명 [사람·사물을 세는 양사]
电脑 diànnǎo 명 컴퓨터
看 kàn 동 보다
一下 yíxià 양 시험삼아 해 보다, 한번 ~해 보다
太……了 tài……le 너무 ~하다
文件 wénjiàn 명 서류, 문서
在 zài 동 ~에 있다, 존재하다

SCENE #3-4

경비원A 这儿有人!
Zhèr yǒu rén!

SCENE #5

린티엔아이 太疼了!
Tài téng le!

까오페이 天爱! 你在家吗?
Tiān'ài! Nǐ zài jiā ma?

린티엔아이 高飞?
Gāo Fēi ?

까오페이 你在吗?
Nǐ zài ma ?

린티엔아이 在……我在家! 等一下!
Zài…… Wǒ zài jiā! Děng yíxià!

这儿 zhèr 대 여기, 이곳
先生 xiānsheng 명 선생, ~씨 [성인 남성에 대한 존칭]
现在 xiànzài 명 지금, 현재
疼 téng 형 아프다
家 jiā 명 집, 가정
等 děng 동 기다리다
午 Wǔ 고유 우 [성씨]

어법모음.zip ◉08-03

존재문 1. 장소+'有'

동사 '有(yǒu)'는 '존재'를 나타내기도 하지. 어떤 장소에 어떤 사람이나 사물이 존재함을 설명하는 문장을 '존재문'이라고 해. 동사 '有'로 존재문을 만들려면, 장소명사가 주어 자리에, '존재' '출현' '소실'의 대상은 목적어에 와야 해.

장소+有+사람(사물)

- 桌子上有一本英语词典。 책상 위에 영어사전이 한 권 있다.
  Zhuōzi shang yǒu yì běn Yīngyǔ cídiǎn.
- 我们(的)学校有很多外国人。 우리 학교에는 많은 외국인이 있다.
  Wǒmen (de) xuéxiào yǒu hěn duō wàiguó rén.
- 这儿有人吗? 여기 사람 있나요?
  Zhèr yǒu rén ma?

수량사 '一下(儿)'

'一下(yíxià)'는 동사 뒤에서 '동사+一下'의 형식으로 쓰이는데, 아주 짧은 시간 혹은 순간에 진행되는 동작으로 무언가를 '한번(잠시) 해 보다'라는 의미를 나타내. 또한 상대방에게 무언가를 한번 시험 삼아 해 보라는 가벼운 제안의 의미로도 쓸 수 있어. '一下'를 쓰면 어투가 좀 더 부드러워지는 효과가 있기 때문에 부탁할 때 자주 쓰이지. 말할 때는 보통 '儿(er)'을 붙여서 '一下儿(yíxiàr)'이라고 해.

- 等一下，我想一下(儿)。 잠시만요, 저 생각 좀 해 볼게요.
  Děng yíxià, wǒ xiǎng yíxià(r).
- 请开一下(儿)门。 문 좀 열어 주세요.
  Qǐng kāi yíxià(r) mén.
- 你看一下(儿)，这是什么? 네가 한 번 봐 봐. 이게 뭐야?
  Nǐ kàn yíxià(r), zhè shì shénme?

존재문 2. '在'+장소

동사 '在(zài)'도 '有(yǒu)'처럼 '존재'를 나타낼 수 있어. '在'는 어떤 사람이나 사물이 어떤 장소에 존재하고 있음을 설명하는데, 이때 문장의 어순은 '有'와 달리 사람·사물이 주어에 오고, 장소명사가 '在' 뒤에 위치해.

사람(사물)+在+장소

- 妹妹在学校。 여동생은 학교에 있다.
  Mèimei zài xuéxiào.
- 爸爸在上海。 아버지는 상하이에 계시다.
  Bàba zài Shànghǎi.
- 卢浮宫博物馆在法国。 루브르 박물관은 프랑스에 있다.
  Lúfúgōng Bówùguǎn zài Fǎguó.

'在'의 부정형은 '在' 앞에 부정부사 '不(bù)' 또는 '没(méi)'를 붙이면 돼. 일반적으로 '不'는 현재 혹은 미래를 부정할 때 쓰이고, '没'는 과거를 부정할 때 쓰여.

사람(사물)+不/没+在+장소

- 妹妹没在学校。 여동생은 학교에 없었다.
  Mèimei méi zài xuéxiào.
- 爸爸不在上海。 아버지는 상하이에 안 계시다. [현재 상하이에 안 계심]
  Bàba bú zài Shànghǎi.
- 昨天爸爸没在上海。 어제 아버지는 상하이에 안 계셨다. [과거에 상하이에 안 계셨음. 지금은 모름]
  Zuótiān Bàba méi zài Shànghǎi.
- 卢浮宫博物馆不在意大利。 루브르 박물관은 이탈리아에 없다.
  Lúfúgōng Bówùguǎn bú zài Yìdàlì.

정도가 높음을 나타내는 '太……了'

'太……了(tài……le)'는 '너무 ~하다'라는 뜻으로, 사이에는 형용사가 쓰여. 부사 '太'는 '매우' '아주'라는 뜻으로 정도가 높음을 나타내는데, '很(hěn)'보다 표현의 정도가 강해. '太……了'는 정도가 높아 만족이나 감탄할 때, 또는 정도가 너무 심하여 불만을 토로할 때 자주 쓰이는 표현이야.

- 爸爸太忙了。 아버지는 너무 바쁘시다.
  Bàba tài máng le.
- 作业太多了！ 숙제가 너무 많아요!
  Zuòyè tài duō le!
- 天气太热了！ 날씨가 너무 더워!
  Tiānqì tài rè le!
- 她的衣服太漂亮了！ 그녀의 옷은 정말 아름다워요!
  Tā de yīfu tài piàoliang le!

08-04

英语 Yīngyǔ 명 영어 | 外国 wàiguó 명 외국 | 开门 kāimén 동 문을 열다 | 妹妹 mèimei 명 여동생 | 卢浮宫博物馆 Lúfúgōng Bówùguǎn 고유 루브르 박물관 | 法国 Fǎguó 고유 프랑스 | 意大利 Yìdàlì 고유 이탈리아 | 作业 zuòyè 명 숙제

You Quiz?!

1 녹음을 듣고 사진과 일치하면 O, 일치하지 않으면 X를 표시하세요. 08-05

(1) 

(2) 

(3) 

(4) 

2 녹음을 듣고 내용에 알맞은 사진을 고르세요. 08-06

(1) ①  ②  ③ 

(2) ①  ②  ③ 

3 다음 메신저 질문에 중국어로 답해 보세요.

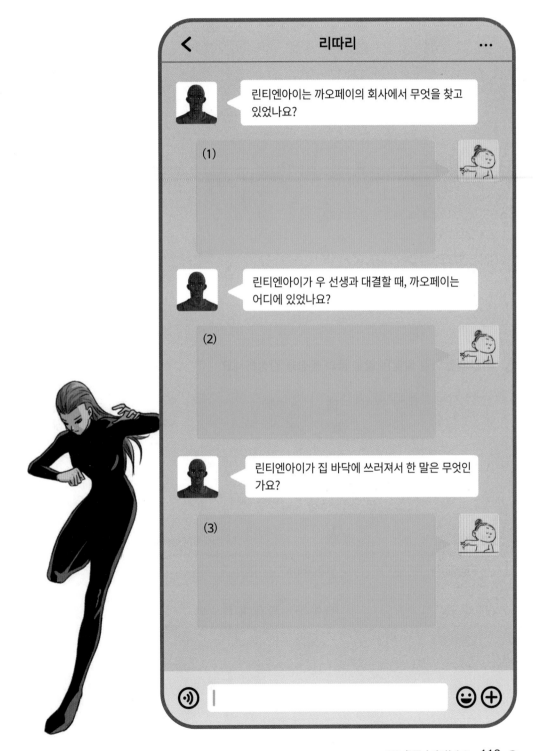

리따리

린티엔아이는 까오페이의 회사에서 무엇을 찾고 있었나요?

(1)

린티엔아이가 우 선생과 대결할 때, 까오페이는 어디에 있었나요?

(2)

린티엔아이가 집 바닥에 쓰러져서 한 말은 무엇인가요?

(3)

4 의미에 맞게 주어진 단어를 바르게 배열하세요.

(1)

一下(儿) yíxià(r)	你 nǐ	什么 shénme	这是 zhè shì	看 kàn

네가 한 번 봐 봐, 이게 뭐야?

______________________________?

(2)

桌子 zhuōzi	有 yǒu	一个 yí ge	上 shang	苹果 píngguǒ

테이블 위에 사과가 한 개 있다.

______________________________。

5 빈칸에 들어갈 알맞은 말을 골라 문장을 완성하세요.

보기					
一下 yíxià	请 qǐng	现在 xiànzài	太 tài	了 le	上 shang

(1) 我的妹妹__________在北京。

Wǒ de mèimei __________ zài Běijīng.

(2) 风景__________漂亮__________。 *风景 Fēngjǐng 풍경

Fēngjǐng __________ piàoliang __________ .

(3) 桌子__________有牛奶，没有饼干。

Zhuōzi __________ yǒu niúnǎi, méiyǒu bǐnggān.

(4) __________等__________，高先生现在不在公司。

__________ děng __________, Gāo xiānsheng xiànzài bú zài gōngsī.

6 웹툰 8화의 내용을 다시 읽고 질문에 답해 봅시다.

경비원A 你看，桌子上有什么？ 이것 봐요. 책상 위에 뭐가 있죠?
경비원B 桌子上有一个电脑。 책상 위에 컴퓨터 한 대 있잖아요.
경비원A 我们去看一下。 우리 한번 보고 와요.

린티엔아이 太好了，文件在这儿。 좋아, 서류가 여기 있군.
우 선생 文件是我的。 서류는 제 겁니다.
린티엔아이 你好，午先生。现在它是我的。 우 선생님, 안녕하세요. 지금 이건 제 거예요.

린티엔아이 太疼了！ 너무 아파!
까오페이 天爱！你在家吗？ 티엔아이! 집에 있어요?
린티엔아이 高飞？ 까오페이?
까오페이 你在吗？ 있어요?
린티엔아이 在……我在家！ 等一下！ 있어요. 저 집에 있어요! 잠깐만 기다려요!

(1) 다음 중 일어난 상황을 바르게 설명한 것은?

- ☐ 회사에 침입해 서류를 훔쳐간 사람이 있다
- ☐ 까오페이의 서류를 도난당했다
- ☐ 까오페이는 자신의 서류를 찾으러 린티엔아이의 집에 갔다

(2) 린티엔아이가 훔친 물건은 무엇이었나요?

- ☐ 桌子 zhuōzi
- ☐ 文件 wénjiàn
- ☐ 电脑 diànnǎo

(3) 까오페이가 린티엔아이 집 문을 두드리며 한 말은 무엇이었나요?

- ☐ 你上班吗？ Nǐ shàngbān ma? *上班 shàngbān 출근하다
- ☐ 你有车吗？ Nǐ yǒu chē ma?
- ☐ 你在家吗？ Nǐ zài jiā ma?

중알못도 중잘알

#열두가지동물 #당신의_띠는_무엇인가요?

중국도 우리나라처럼 자신이 태어난 해에 따라 열두 가지 동물로 띠를 나타냅니다. 그럼 열두 동물을 중국어로 어떻게 표현하는지 알아볼까요?

상대방과 서로 띠를 물어보고 답할 때는 동사 '属(shǔ)'를 기억하세요. '属'는 '~에 속하다'라는 뜻을 가진 동사로, 띠를 묻는 표현에서는 '~띠에 속한다'라는 의미를 나타냅니다.

 你属什么? Nǐ shǔ shénme? 당신은 무슨 띠인가요?

 我属牛。 Wǒ shǔ niú. 저는 소띠입니다.

9화 Wǒ zài shàngwǎng ne.
我在上网呢。

APP 학습

그날 밤 사라진 문서는 누구의 것?

9화 미리보기

까오페이는 린티엔아이의 집에서 '쿵' 하는 소리를 듣고, 바로 그녀의 집에 찾아간다. 하지만 그녀는 아무 일도 없다는 듯이 행동한다. 다음날 까오페이의 동료는 자신의 서류가 없어진 것을 알게 되는데…….

학습 포인트

연동문 | 동작의 진행 | 양사

9화 我在上网呢。 Wǒ zài shàngwǎng ne. 나는 인터넷을 하고 있었어요.

Gāo Fēi, yǒu shì ma?
高飞，有事吗？

Nǐ zài zuò shénme?
你在做什么？

Wǒ zài wán X-box.
我在玩X-box。
Nǐ ne?
你呢？

린티엔아이	까오페이, 무슨 일 있어요?
까오페이	뭐 하고 있어요?
린티엔아이	X-box 하고 있었어요. 당신은요?
까오페이	나는 인터넷을 하고 있었어요.
린티엔아이	같이 X-box 해요.
까오페이	좋아요!

리위 서류…… 서류가 책상 안에 없어.

까오페이 리위 씨, 뭐해요?

리위	까오페이 씨, 안녕하세요! 책 좀 찾고 있어요.
리위	오늘 출근 안 하는데, 일하러 나왔어요?
까오페이	네, 찐쭝밍은요?
리위	그도 회사에 있어요.
까오페이	그는 뭐 하고 있나요?
리위	노래를 듣고 있어요.

9화 SCENE

09-01

SCENE #1

린티엔아이	高飞，有事吗？ Gāo Fēi, yǒu shì ma?
까오페이	你在做什么？ Nǐ zài zuò shénme?
린티엔아이	我在玩X-box。你呢？ Wǒ zài wán X-box. Nǐ ne?
까오페이	我在上网呢。 Wǒ zài shàngwǎng ne.
린티엔아이	一起玩X-box吧。 Yìqǐ wán X-box ba.
까오페이	好！ Hǎo!

새단어모음.zip

09-02

事 shì 명 일
在 zài 부 마침 ~하고 있다, ~하는 중이다
做 zuò 동 (어떤 활동이나 일을) 하다, 행하다
玩(儿) wán(r) 동 놀다, 장난하다
里 li 명 안, 안쪽, 내부
上网 shàngwǎng 동 인터넷에 접속하다, 인터넷하다
找 zhǎo 동 찾다
一 yī 수 1, 하나
本 běn 양 권 [책을 세는 양사]
书 shū 명 책, 서적

SCENE #2

리위 文件……文件不在桌子里。
Wénjiàn…… Wénjiàn bú zài zhuōzi li.

까오페이 李雨，你在做什么？
Lǐ Yǔ, nǐ zài zuò shénme?

SCENE #3

리위 高飞，早！我在找一本书。
Gāo Fēi, zǎo! Wǒ zài zhǎo yì běn shū.

今天不上班，你来工作吗？
Jīntiān bú shàngbān, nǐ lái gōngzuò ma?

까오페이 对，金中明呢？
Duì, Jīn Zhōngmíng ne?

리위 他也在公司。
Tā yě zài gōngsī.

까오페이 他在做什么呢？
Tā zài zuò shénme ne?

리위 他在听歌呢。
Tā zài tīng gē ne.

今天 jīntiān 명 오늘
上班 shàngbān 동 출근하다
工作 gōngzuò 동 일하다, 노동하다 명 일, 업무
来 lái 동 오다

听 tīng 동 듣다
歌 gē 명 노래
李雨 Lǐ Yǔ 고유 리위 [인명]

어법모음.zip 09-03

연동문

중국어의 기본 어순은 '주어+술어+목적어'잖아? 그런데 하나의 주어에 대해 두 개 이상의 동사(구)가 연속적으로 쓰인 문장이 있어. 이런 문장을 '연동문'이라고 해.
연동문은 동작이 일어난 순서에 따라 두 개의 동사가 차례로 오거나, 동사2가 동사1의 원인 또는 목적이 되는 경우가 있어. 본문의 '你来工作吗?'도 뒤 동사 '工作(일하다)'는 앞 동사 '来(오다)'가 나타내는 동작의 목적이야. 즉 '온' 목적은 '일하기' 위함이라는 뜻이지.
동사1에는 来, 去가 자주 쓰여.

주어+동사1+(목적어1)+동사2+(목적어2)

- 他坐车去饭店。 그는 차를 타고 식당에 간다. [동사1의 동작이 일어난 후 동사2의 동작이 일어남]
  Tā zuò chē qù fàndiàn.
- 我来这儿喝茶。 나는 차 마시러 여기 왔다. [동사2가 동사1의 목적]
  Wǒ lái zhèr hē chá.
- 妈妈去医院看奶奶。 어머니는 할머니를 뵈려고 병원에 가신다. [동사2가 동사1의 목적]
  Māma qù yīyuàn kàn nǎinai.

✓체크체크 주어진 단어를 바르게 배열하여 연동문을 완성하세요.

❶

妹妹 mèimei	医院 yīyuàn	去 qù	坐 zuò	车 chē

여동생이 차를 타고 병원에 간다.

→ ______________________

❷

饼干 bǐnggān	超市 chāoshì	去 qù	买 mǎi	哥哥 gēge

형이 과자를 사러 슈퍼마켓에 간다.

→ ______________________

동작의 진행을 나타내는 '在'

앞에서 '존재'를 나타내는 동사 '在(zài)'에 대해 공부했었어. 이번 과에서는 '진행'을 나타내는 부사 '在'에 대해 공부해 보자. '在'가 부사로 쓰이면 '~하고 있다'라는 뜻으로, 동작의 진행을 나타내. 부사 '在'는 동사 앞에 위치하고, 문장 끝에 어기조사 '呢(ne)'와 함께 쓸 수도 있어.

- 哥哥在运动。 오빠는 운동하고 있다.
  Gēge zài yùndòng.
- 我们在看电影呢。 우리는 영화를 보고 있다.
  Wǒmen zài kàn diànyǐng ne.

✓체크체크 그림을 보고 부사 '在'를 사용해 질문에 답해 보세요.

上网 shàngwǎng
인터넷을 하다

吃饭 chīfàn
밥을 먹다

听歌 tīng gē
노래를 듣다

玩游戏 wán yóuxì
게임하다

看书 kàn shū
책을 보다

예 弟弟在做什么？弟弟在玩游戏呢。

❶ 爸爸在做什么?
Bàba zài zuò shénme?

❷ 妈妈在做什么?
Māma zài zuò shénme?

❸ 姐姐在做什么?
Jiějie zài zuò shénme?

❹ 小狗在做什么?
Xiǎo gǒu zài zuò shénme?

양사

중국어는 양사와 보어가 발달한 언어야. 양사란 사람이나 사물의 수량(명량사)이나 동작의 횟수(동량사), 동작의 지속 시간(시량사)을 나타내는 품사를 말해. '한 개' '두 번' '세 시간'에서 '한' '두' '세'가 수사라면, '개'와 '번' '시간'을 나타내는 양사도 필요한 거야. 양사는 혼자 쓸 수 없고 본문의 '一本(yì běn)'처럼 수사와 함께 쓰이거나, 지시대명사(这, 那), 또는 의문대명사(几)와 함께 쓰여. '个(ge)'는 가장 많이 쓰이는 양사 중 하나인데, 사용 범위가 넓어서 사람과 사물을 셀 때 두루 쓰이지. 각 명사에 어울리는 양사를 익혀 두면 자연스러운 회화 표현에 많은 도움이 돼.

[자주 쓰이는 양사]

个 ge	개, 명 [사람·사물]	一个人 yí ge rén 사람 한 명 一个本子 yí ge běnzi 공책 한 권
本 běn	권 [서적류]	一本书 yì běn shū 책 한 권 一本词典 yì běn cídiǎn 사전 한 권
件 jiàn	건, 개 [일·사건·사물]	一件毛衣 yí jiàn máoyī 스웨터 한 벌
杯 bēi	잔, 컵	一杯咖啡 yì bēi kāfēi 커피 한 잔
张 zhāng	장 [종이·책상]	一张桌子 yì zhāng zhuōzi 책상 하나 一张纸 yì zhāng zhǐ 종이 한 장
斤 jīn	근	半斤牛肉 bàn jīn niúròu 소고기 반 근
瓶 píng	병	两瓶牛奶 liǎng píng niúnǎi 우유 두 병
条 tiáo	개, 항목, 가지 [가늘고 긴 것·생활용품·도구]	一条裤子 yì tiáo kùzi 바지 한 벌
只 zhī	마리, 척, 짝 [동물·선박·쌍]	一只猫 yì zhī māo 고양이 한 마리
块 kuài	덩어리, 조각, 개	一块西瓜 yí kuài xīguā 수박 한 조각

Tip Tip

'二(èr)'과 '两(liǎng)'의 차이

'二(èr)'과 '两(liǎng)'은 둘 다 숫자 '2'를 나타낸다. 하지만 양사 앞(또는 양사를 필요로 하지 않는 명사 앞)에서는 일반적으로 '两(liǎng)'을 쓰고 '二(èr)'은 쓰지 않는다.

两个人 liǎng ge rén 두 사람 | **两杯咖啡** liǎng bēi kāfēi 커피 두 잔

09-04

饭店 fàndiàn 명 식당, 호텔 | **运动** yùndòng 명 운동 동 운동하다 | **电影** diànyǐng 명 영화 | **弟弟** dìdi 명 남동생 | **游戏** yóuxì 명 게임, 놀이 | **本子** běnzi 명 공책 | **毛衣** máoyī 명 스웨터 | **咖啡** kāfēi 명 커피 | **纸** zhǐ 명 종이 | **半** bàn 수 절반, 2분의 1 | **牛肉** niúròu 명 소고기 | **裤子** kùzi 명 바지 | **西瓜** xīguā 명 수박 | **二** èr 수 2, 둘 | **两** liǎng 수 2, 둘

You Quiz?!

1 녹음을 듣고 사진과 일치하면 O, 일치하지 않으면 X를 표시하세요. 09-05

(1)

(2) 

(3) 

(4) 

(5) 

(6) 

2 제시된 문장과 어울리는 사진을 찾아 보세요.

(1) 我们在超市买东西。 Wǒmen zài chāoshì mǎi dōngxi. *东西 dōngxi 물건

① 

②

③ 

(2) 他们在学校学习。Tāmen zài xuéxiào xuéxí.

① 

② 

③ 

3 보기와 같이 양사를 사용해 그림을 설명하세요.

| 보기 |

一杯咖啡 커피 한 잔

① 

② 

③ 

4 웹툰 속 말풍선에 들어갈 중국어를 빈칸에 쓰고, 소리 내어 발음해 보세요.

(1)

(2)

5 다음 메신저 질문에 중국어로 답해 보세요.

6 웹툰 9화의 내용을 다시 읽고 질문에 답해 봅시다.

린티엔아이 高飞，有事吗？ 까오페이, 무슨 일 있어요?
까오페이 你在做什么？ 뭐 하고 있어요?
린티엔아이 我在玩X-box。你呢？ X-box 하고 있었어요. 당신은요?
까오페이 我在上网呢。 나는 인터넷하고 있었어요.
린티엔아이 一起玩X-box吧。 같이 X-box 해요.
까오페이 好！ 좋아요!

리위 文件……文件不在桌子里。 서류…… 서류가 책상 안에 없어.
까오페이 李雨，你在做什么？ 리위 씨, 뭐해요?

리위 高飞，早！我在找一本书。 今天不上班，你来工作吗？
까오페이씨, 안녕하세요! 책 좀 찾고 있어요. 오늘 출근 안 하는데, 일하러 나왔어요?
까오페이 对，金中明呢？ 네, 찐쭝밍은요?
리위 他也在公司。 그도 회사에 있어요.
까오페이 他在做什么呢？ 그는 뭐 하고 있나요?
리위 他在听歌呢。 노래를 듣고 있어요.

⑴ 린티엔아이는 왜 까오페이를 속였나요?

- ☐ 원래 사생활을 중요하게 생각해서
- ☐ 까오페이와 같이 게임을 하고 싶어서
- ☐ 자신의 신분을 알리고 싶지 않아서

⑵ 리위가 실제로 찾고 있던 것은 무엇인가요?

- ☐ 牛奶 niúnǎi
- ☐ 文件 wénjiàn
- ☐ 一本书 yì běn shū

⑶ 친구에게 "뭐 하고 있어?"라고 물어보려면 어떻게 말해야 할까요?

- ☐ 有事吗？ Yǒu shì ma?
- ☐ 你在家吗？ Nǐ zài jiā ma?
- ☐ 你在做什么？ Nǐ zài zuò shénme?

10화 Zhè ge míngxīng shì shéi?
这个明星是谁?

APP 학습

리따리의 선택! 중국의 대세 연예인은 누구~?

10화 미리보기

일하다 회사 옥상에 올라온 찐쭝밍은 핸드폰을 뚫어져라 보고 있는 리따리를 발견한다. 리따리는 자신이 좋아하는 중국 연예인을 보고 있었는데, 찐쭝밍은 의외로 리따리가 중국 연예인에 관심이 많다는 것을 알고 놀란다.

학습 포인트

대상 묻고 답하기

10화 这个明星是谁? Zhè ge míngxīng shì shéi?

이 연예인은 누구예요?

Tài piàoliang le! Tā shì shéi?
太漂亮了! 她是谁?

Tā shì yí ge nǚ míngxīng.
她是一个女明星。
Tā jiào shénme míngzi?
她叫什么名字?

Tā jiào Dílìrèbā.
她叫迪丽热巴。

Tā de míngzi yǒu sì ge zì!
她的名字有四个字!

Duì.
对。

Nǐ shì tā de "fěnsī" ma?
你是她的"粉丝"吗?

찐쭝밍	진짜 예쁘다! 이 여자는 누구야?
리따리	그녀는 연예인이야.
찐쭝밍	이름이 뭔데?
리따리	그녀의 이름은 디리러바야.
찐쭝밍	이름이 네 글자네!
리따리	맞아.
찐쭝밍	너 그녀의 '팬'이야?
리따리	당연하지, 그녀는 중국에 '팬'이 엄청 많아.

Zhè shì shéi?
这是谁?

Zhè shì Yì Yángqiānxǐ.
这是易烊千玺。
Tā shì gēshǒu, yě shì yǎnyuán.
他是歌手，也是演员。

千玺
易烊千玺

Zhōngguó de míngxīng nǐ dōu rènshi,
中国的明星你都认识,
tài lìhai le.
太厉害了。

찐쭝밍	이건 누구야?
리따리	이 사람은 '이양첸시'야. 그는 가수이면서, 배우야.
찐쭝밍	중국 연예인을 다 알다니, 진짜 대단해.

 10-01

SCENE #1

찐쭝밍 太漂亮了！她是谁？
Tài piàoliang le! Tā shì shéi?

리따리 她是一个女明星。
Tā shì yí ge nǚ míngxīng.

찐쭝밍 她叫什么名字？
Tā jiào shénme míngzi?

리따리 她叫迪丽热巴。
Tā jiào Dílìrèbā.

찐쭝밍 她的名字有四个字！
Tā de míngzi yǒu sì ge zì!

리따리 对。
Duì.

찐쭝밍 你是她的“粉丝”吗？
Nǐ shì tā de “fěnsī” ma?

리따리 当然，她在中国有很多“粉丝”。
Dāngrán，tā zài Zhōngguó yǒu hěn duō “fěnsī”.

새단어모음.zip 10-02

谁 shéi 대 누구, 아무
女 nǚ 명 여자
明星 míngxīng 명 스타, 연예인
四 sì 수 4, 넷
字 zì 명 글자
粉丝 fěnsī 명 팬(fan)
中国 Zhōngguó 고유 중국
多 duō 형 (수량이) 많다

SCENE #2

찐쭝밍 这是谁?
Zhè shì shéi?

리따리 这是易烊千玺。他是歌手，也是演员。
Zhè shì Yì Yángqiānxǐ. Tā shì gēshǒu, yě shì yǎnyuán.

찐쭝밍 中国的明星你都认识，太厉害了。
Zhōngguó de míngxīng nǐ dōu rènshi, tài lìhai le.

他 tā 대 그, 그 사람
歌手 gēshǒu 명 가수
演员 yǎnyuán 명 배우
厉害 lìhai 형 대단하다, 심하다
迪丽热巴 Dílìrèbā 고유 디리러바 [인명]
易烊千玺 Yì Yángqiānxǐ 고유 이양첸시 [인명]

어법모음.zip ◉ 10-03

의문대명사 '谁'

의문대명사 '谁(shéi)'는 '누구' '아무'라는 뜻으로, 임의의 어떤 사람을 나타내. '谁'는 단수(1명)를 의미할 수도 있고, 복수(여러 명)를 의미할 수도 있어.

> **주어+是+谁?** : ~는 누구인가요?
> 谁**+동사+(목적어)?** : 누가 ~해요?

- **A** 他是谁? 그는 누구인가요?
  Tā shì shéi?

  B 他是我的男朋友。 그는 제 남자 친구예요.
  Tā shì wǒ de nán péngyou.

- **A** 谁在公司? 누가 회사에 있나요?
  Shéi zài gōngsī?

  B 没有人在公司。 회사에 아무도 없어요.
  Méiyǒu rén zài gōngsī.

- **A** 请问，您找谁? 실례지만, 누구를 찾으세요?
  Qǐngwèn, nín zhǎo shéi?

  B 您好，我找王医生。 안녕하세요. 저는 왕 의사 선생님을 찾습니다.
  Nín hǎo, wǒ zhǎo Wáng yīshēng.

레벨업단어 ◉ 10-04

男朋友 nán péngyou 명 남자 친구

You Quiz?!

1 녹음을 듣고 사진과 일치하면 O, 일치하지 않으면 X를 표시하세요. 10-05

(1)  ☐

(2)  ☐

2 녹음을 듣고 내용에 알맞은 사진을 고르세요. 10-06

(1) ①  ②  ③ 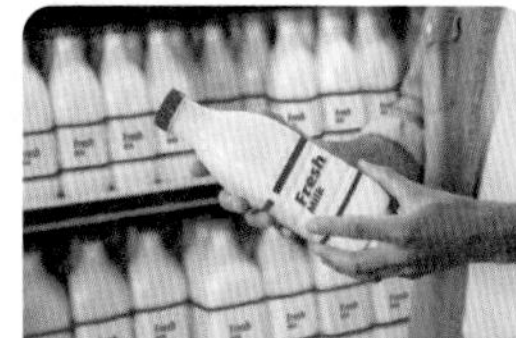

(2) ①  ②  ③ 

(3) ①  ②  ③ 

3 제시된 문장과 어울리는 사진을 찾아 보세요.

(1) 他是一个歌手。Tā shì yí ge gēshǒu.

① 

② 

③ 

(2) 你太厉害了！Nǐ tài lìhai le!

① 

② 

③ 

4 의미에 맞게 주어진 단어를 바르게 배열하세요.

(1)

在 zài	她 tā	很多 hěn duō	中国 Zhōngguó	粉丝 fěnsī	有 yǒu

그녀는 중국에 '팬'이 엄청 많아요.

______________________________。

(2)

谁 shéi	问 wèn	请 Qǐng	找 zhǎo	您 nín

실례지만, 누구를 찾으세요?

______________________________?

5 다음 메신저 질문에 중국어로 답해 보세요.

샤오씽

리따리가 좋아하는 연예인의 이름은 몇 글자인가요?

(1)

리따리가 좋아하는 가수 '이양첸시'의 또 다른 직업은 무엇인가요?

(2)

리따리의 중국 연예인 사랑을 알게 된 후, 찐쭝밍은 리따리에게 뭐라고 칭찬했나요?

(3)

6 **빈칸에 들어갈 알맞은 말을 골라 대화를 완성하세요.** 10-07

| 보기 |

谁	吗	呢	哪儿	什么
shéi	ma	ne	nǎr	shénme

A 早！你去__________？

Zǎo! Nǐ qù __________?

B 我去朋友家看电影，你__________？

Wǒ qù péngyou jiā kàn diànyǐng, nǐ __________?

A 我去超市买可乐。
Wǒ qù chāoshì mǎi kělè.

你们看__________电影？

Nǐmen kàn __________ diànyǐng?

B 我们看《宠爱》。 *宠爱 Chǒng'ài 총애하다
Wǒmen kàn《Chǒng'ài》.

A 去哪个朋友家？
Qù nǎ ge péngyou jiā?

B 我去李大力家。你认识他__________？

Wǒ qù Lǐ Dàlì jiā. Nǐ rènshi tā __________?

A 我不认识。他是__________？

Wǒ bú rènshi. Tā shì __________?

B 他是我们公司的同事。
Tā shì wǒmen gōngsī de tóngshì.

중알못도 중잘알

#알바중_마주친_중국인 #나에게_다가온다 #뭐라고_불러야_하지 #호칭중국어

중국어에는 장소나 상황에 따라 상대를 부르는 다양한 호칭이 있습니다.

先生 xiānsheng 선생님	阿姨 āyí 이모, 아주머니
男士 nánshì 남성, 신사	女士 nǚshì 여사
大哥 dàgē 형님(나이 많은 남성에게)	大姐 dàjiě 큰언니(나이 많은 여성에게)
小哥哥 xiǎo gēge 오빠	小姐姐 xiǎo jiějie 언니
叔叔 shūshu 삼촌, 아저씨	姑娘 gūniang / 美女 měinǚ 아가씨

먼저, '先生(xiānsheng)'은 아주 오래전부터 사용되어온 표현입니다. 《논어》에 '先生'은 학식이 있는 윗사람에 대한 존대어라고 되어 있는데, 사실 예전보다 지금 더 많이 쓰입니다. 현대 중국어에서 '先生'은 남성에 대한 존칭 표현으로 쓰이며, 여성이 자신의 남편을 타인에게 '先生'이라 지칭하기도 해요. 지식이 풍부하고 존경받는 여성 전문가에게도 '先生'이라는 호칭을 쓸 수 있어요. 중국 유명 여성 문학가인 '冰心(bīngxīn)' 또한 '冰心先生'이라 불린답니다.

10-08 先生，您好。 Xiānsheng, nín hǎo.
선생님, 안녕하세요. [점원이 손님에게]

我先生在广告公司工作。
Wǒ xiānsheng zài guǎnggào gōngsī gōngzuò.
저희 남편은 광고 회사에서 일해요.

'小姐(xiǎojiě)'도 고대부터 사용된 호칭입니다. 송나라에서는 궁녀나 기방의 여자를 '小姐'라고 불렀고, 송나라 이후에는 대갓집 혹은 관리 집안의 딸을 부르는 호칭으로 '小姐'가 쓰였습니다. 명·청 시기에는 '小姐'가 보통 대갓집 규수나 양갓집의 교양 있고 정숙한 처녀를 이르는 말로, 아무나 사용할 수 없는 단어였습니다.

하지만 현대에는 젊은 여성에게는 '美女(měinǚ)' 또는 '姑娘(gūniang)', 중년 여성에게는 '大姐(dàjiě)' 또는 '阿姨(āyí)'라는 표현을 주로 씁니다. 최근에는 젊은이에게 '小哥哥(xiǎo gēge)' 또는 '小姐姐(xiǎo jiějie)'라는 표현도 많이 쓰지요.

호칭이 너무 많아서 헷갈리나요? 사실 부르기 애매할 때 쓰는 만능 표현이 있습니다. 바로 '你好' 또는 '您好'예요! 마땅히 뭐라고 불러야 할지 모르겠을 때, 인사를 건네며 대화를 시작하면 돼요!

10-09 **师傅，我去北京站。**
Shīfu, wǒ qù Běijīng zhàn.
기사님, 저는 베이징 역에 가요.

姑娘，你的钱包掉了！
Gūniang, nǐ de qiánbāo diào le!
아가씨, 지갑 떨어졌어요!

喂，你好，你的钱包掉了。
Wèi, nǐ hǎo, nǐ de qiánbāo diào le.
저기요, 지갑 떨어졌어요.

여성에 대한 호칭으로는 '여사님'이라는 뜻의 '女士(nǚshì)'를 많이 사용합니다. 사실, '先生' '男士' '女士' 이 세 가지 호칭은 서비스 업종에서 가장 많이 사용하는 표현입니다. 청첩장 속 신랑, 신부의 이름 뒤에도 '先生' '女士'를 붙여서 쓰곤 해요!

10-10 **女士，您好。**
Nǚshì, nín hǎo.
여사님, 안녕하세요.

王先生，您发烧多长时间了？
Wáng xiānsheng, nín fāshāo duōcháng shíjiān le?
왕 선생님, 열이 난 지 얼마나 되었죠?

张女士，这是您的会员卡。
Zhāng nǚshì, zhè shì nín de huìyuán kǎ.
장 여사님, 이건 여사님의 회원카드예요.

先生，请走这边。
Xiānsheng, qǐng zǒu zhèbiān.
선생님, 이쪽으로 오세요.

11화 Tā qù chīfàn le.
她去吃饭了。

APP 학습

아는 사람이에요?
알긴 아는데… (이글이글)

11화 미리보기

린티엔아이는 사무실에 있는 커피가 떨어져 행정과 동료인 리우씽위와 함께 슈퍼에 가기로 한다. 슈퍼 가는 길, 린티엔아이는 우연히 까오페이가 카페에서 다른 여자와 함께 있는 것을 보게 된다.

학습 포인트

동작의 완성 표현 | 상황의 변화 표현

11화 她去吃饭了。 Tā qù chīfàn le. 그녀는 밥 먹으러 갔어요.

Amy zài zhèr ma?
Amy在这儿吗?

Tā bú zài,
她不在,
tā qù chīfàn le.
她去吃饭了。

Xīngyǔ, nǐ yǒu kāfēi ma?
星语, 你有咖啡吗?

Wǒ méiyǒu kāfēi le.
我没有咖啡了。

Wǒ qù chāoshì ba.
我去超市吧。

린티엔아이	Amy 여기 있어요?
리우씽위	없어요, 그녀는 밥 먹으러 갔어요.
린티엔아이	씽위, 커피 있어요?
리우씽위	저 커피 다 떨어졌어요. 제가 슈퍼마켓에 갈게요.

여자 동료	저는 차가 없어요!
남자 동료	저는 휴지를 다 썼어요!
린티엔아이	씽위, 우리 같이 슈퍼마켓에 가요.
리우씽위	Tony는 콜라를 좋아하고, Amy는 차를 좋아하고…….

리우씽위 저분들 아세요?
린티엔아이 저 남자를 알아요. 저 사람은 제 이웃이에요.

11-01

SCENE #1

린티엔아이 Amy在这儿吗?
Amy zài zhèr ma?

리우씽위 她不在，她去吃饭了。
Tā bú zài, tā qù chīfàn le.

린티엔아이 星语，你有咖啡吗?
Xīngyǔ, nǐ yǒu kāfēi ma?

리우씽위 我没有咖啡了。
Wǒ méiyǒu kāfēi le.

我去超市吧。
Wǒ qù chāoshì ba.

SCENE #2

여자 동료 我没有茶了。
Wǒ méiyǒu chá le.

남자 동료 我没有纸巾了。
Wǒ méiyǒu zhǐjīn le.

린티엔아이 星语，我们一起去超市吧。
Xīngyǔ, wǒmen yìqǐ qù chāoshì ba.

리우씽위 Tony喜欢可乐，Amy喜欢茶……
Tony xǐhuan kělè, Amy xǐhuan chá……

새단어모음.zip

11-02

吃饭 chīfàn 동 밥을 먹다, 식사하다
了 le 조 [동작의 완성 또는 상황의 변화를 나타냄]
咖啡 kāfēi 명 커피
超市 chāoshì 명 슈퍼마켓, 슈퍼
茶 chá 명 차
纸巾 zhǐjīn 명 휴지, 화장지
可乐 kělè 명 콜라
喜欢 xǐhuan 동 좋아하다

SCENE #3

리우씽위 你认识他们吗?
Nǐ rènshi tāmen ma?

린티엔아이 我认识他，他是我邻居。
Wǒ rènshi tā, tā shì wǒ línjū.

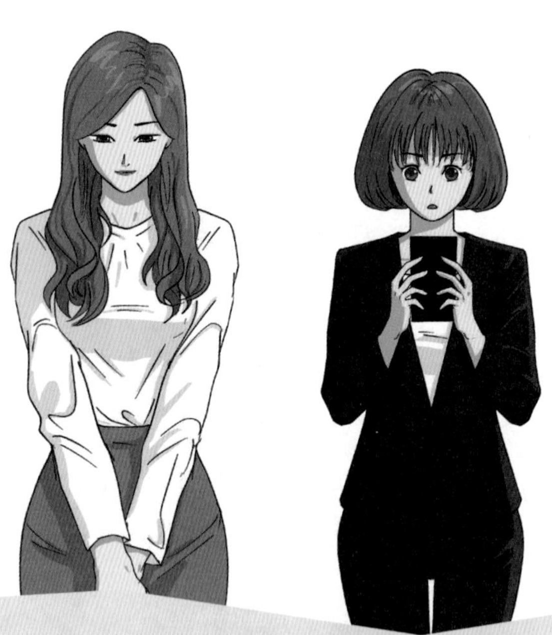

他们 tāmen 대 그들
刘星语 Liú Xīngyǔ 고유 리우씽위 [인명]

어법모음.zip ◉ 11-03

어기조사 '了$_1$'

중국어에서 '了(le)'는 쓰임이 아주 많아서 앞으로 자주 만나게 될 거야. 오늘 나온 '了'는 문장 끝에 오는 '어기조사'야. 문장 끝에 붙어서 사실의 긍정 또는 완성의 의미를 나타내지. 어떤 상황이나 동작이 이미 이루어졌거나, 발생한 상황을 묘사할 때, 긍정의 뉘앙스를 나타낼 때 쓸 수 있어. 본문에 나온 '她去吃饭了(Tā qù chīfàn le)'는 '그녀가 밥 먹으러 갔다'라는 사실을 말해 주는 거야.

부정을 나타내려면, 동사 앞에 '没(有)'를 붙이고, 조사 '了'는 반드시 삭제해야 해.

주어+동사+(목적어)+了	↔	주어+没(有)+동사+(목적어)
哥哥去日本了。 Gēge qù Rìběn le. 형은 일본에 갔다.		哥哥没去日本。 Gēge méi qù Rìběn. 형은 일본에 가지 않았다.
早上爷爷去公园了。 Zǎoshang yéye qù gōngyuán le. 아침에 할아버지는 공원에 가셨다.		早上爷爷没去公园。 Zǎoshang yéye méi qù gōngyuán. 아침에 할아버지는 공원에 가지 않으셨다.
我的邻居买车了。 Wǒ de línjū mǎi chē le. 나의 이웃이 차를 샀다.		我的邻居没有买车。 Wǒ de línjū méiyǒu mǎi chē. 나의 이웃은 차를 사지 않았다.

✓체크체크 그림을 보고 '了'를 사용해 긍정문과 부정문을 만들어 보세요.

❶ 

姐姐买________。我没________。

Jiějie mǎi ________. Wǒ méi ________.

누나는 차를 샀다. 나는 차를 사지 않았다.

❷ 

老师来________。学生们________。 *教室 jiàoshì 교실

Lǎoshī lái ________. Xuéshengmen ________.

선생님은 교실에 오셨다. 학생들은 교실에 오지 않았다.

어기조사 '了$_2$'

어기조사 '了(le)'의 또 다른 대표적인 용법이 있어. 바로 문장 끝에 붙어서 상황의 변화, 혹은 새로운 상황의 출현을 나타낸다는 거야.

- 今年我二十岁了。 올해 나는 스무 살이 되었다.
  Jīnnián wǒ èrshí suì le.
- 春天了，天气暖和了。 봄이 되어 날씨가 따뜻해졌다.
  Chūntiān le, tiānqì nuǎnhuo le.
- 现在四点三十了，要下课了。 지금은 4시 30분이고, 곧 수업이 끝난다.
  Xiànzài sì diǎn sānshí le, yào xiàkè le.

어기조사 '了'가 쓰인 문장에 '没有'가 오면, '(이전에는 있었지만) 없어졌다'라는 변화의 의미를 나타내. '不'가 있으면, '(이전에는 그랬지만) 지금은 아니다'라는 변화의 의미를 나타내지. 본문에서 배운 '我没有茶了(Wǒ méiyǒu chá le)'를 기억하지? 원래는 차가 있었지만, 다 마시고 지금은 없다는 뜻을 나타낸 거야.

- 弟弟不去超市了。 남동생은 슈퍼에 가지 않는다. [이전에는 갔는데 지금은 안 감]
  Dìdi bú qù chāoshì le.
- 太晚了，没有地铁了。 너무 늦어서, 지하철이 없다. [이전 시간까지 다녔지만 현재 지하철이 끊겼음]
  Tài wǎn le, méiyǒu dìtiě le.
- 我们不是朋友了。 우리는 친구가 아니야. [이전에는 친구였는데, 지금은 아님]
  Wǒmen bú shì péngyou le.

11-04

日本 Rìběn 고유 일본 | 公园 gōngyuán 명 공원 | 教室 jiàoshì 명 교실 | 岁 suì 양 세, 살 | 春天 chūntiān 명 봄 | 暖和 nuǎnhuo 형 따뜻하다 | 点 diǎn 양 시(時) | 三十 sānshí 수 30, 삼십 | 要 yào 동 막 ~하려 하다, ~할 것이다 | 下课 xiàkè 동 수업이 끝나다 | 晚 wǎn 형 늦다 | 地铁 dìtiě 명 지하철

You Quiz?!

1 녹음을 듣고 사진과 일치하면 O, 일치하지 않으면 X를 표시하세요. ◉ 11-05

(1) 

(2)  

(3)  

(4)  

2 녹음을 듣고 내용에 알맞은 사진을 고르세요. ◉ 11-06

(1) ①  ②  ③ 

(2) ①  ②  ③ 

(3) ①  ②  ③ 

(4) ①  ②  ③ 

3 제시된 문장을 보고 알맞은 내용을 고르세요.

(1)

桌子上没有电脑了。 Zhuōzi shang méiyǒu diànnǎo le.

① 컴퓨터는 원래부터 책상 위에 없었다
② 책상 위에 컴퓨터가 없었는데 생겼다
③ 책상 위에 컴퓨터가 있었는데 없어졌다

(2)

我认识他，他是我同事。
Wǒ rènshi tā, tā shì wǒ tóngshì.

① 나는 그를 모른다
② 그는 나의 이웃이다
③ 그는 나의 동료이다

4 다음 메신저 질문에 중국어로 답해 보세요.

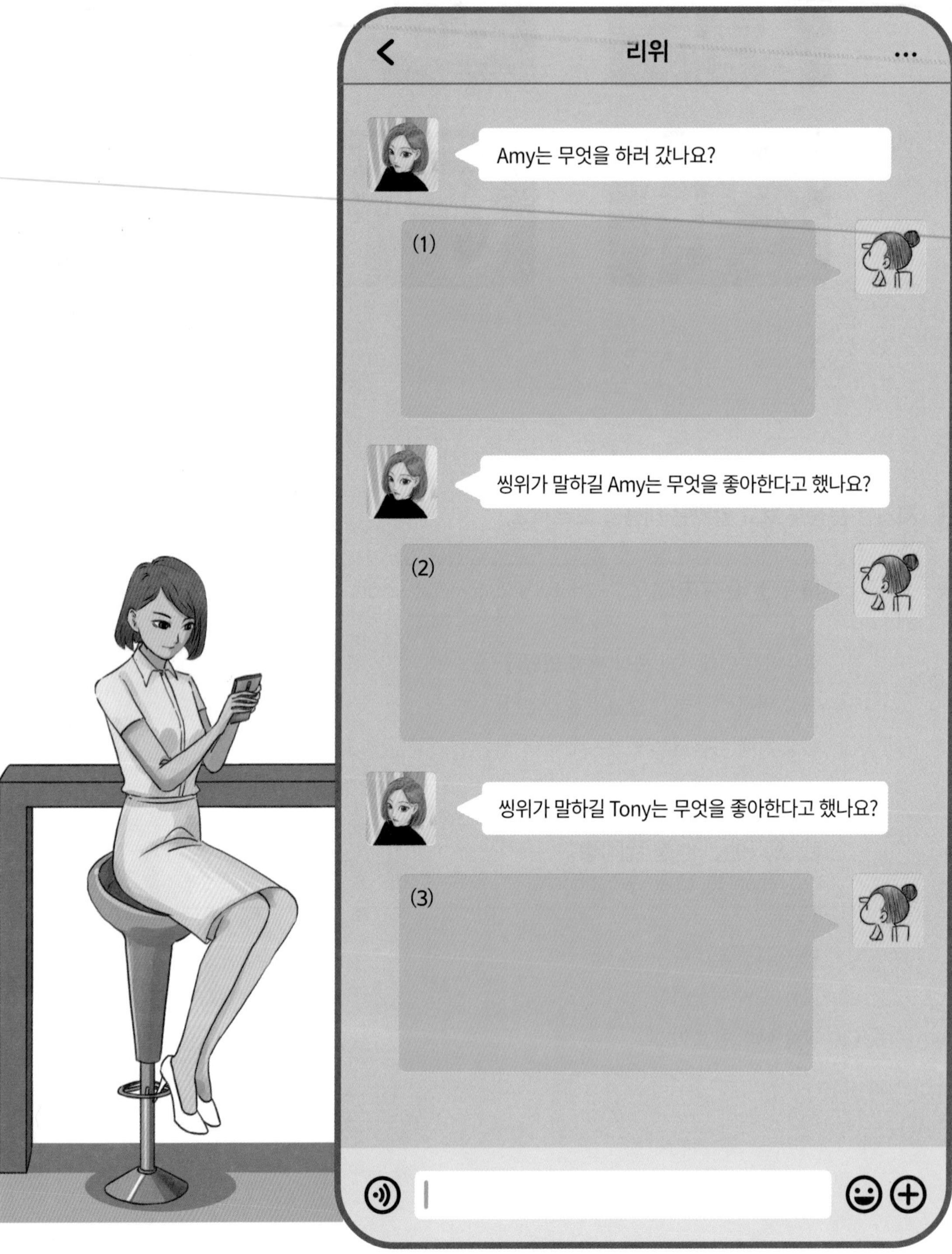

5 **두 사람의 대화를 해석하고, 소리 내어 읽어 보세요.** 11-07

A 高飞！我们一起去咖啡厅吧！ *咖啡厅 kāfēitīng 카페
Gāo Fēi! Wǒmen yìqǐ qù kāfēitīng ba!

해석 ____________________

B 我不去了。公司里有咖啡。
Wǒ bú qù le. Gōngsī li yǒu kāfēi.

해석 ____________________

A 公司里没有咖啡了。
Gōngsī li méiyǒu kāfēi le.

해석 ____________________

B 金中明呢？你们一起去吧。
Jīn Zhōngmíng ne? Nǐmen yìqǐ qù ba.

해석 ____________________

A 他不在，他去吃饭了。
Tā bú zài, tā qù chīfàn le.

해석 ____________________

B 好，我们一起去吧。
Hǎo, wǒmen yìqǐ qù ba.

해석 ____________________

중알못도 중잘알

#중국 #중잘알이라면 #이정도는알아야지

아시아 동북에 위치한 중국(中国, Zhōngguó)은 세계 4대 문명 발상지 중, 5천여 년의 기나긴 역사를 지닌 채 유일하게 현재까지 문명을 보존해 온 나라입니다.

수도는 베이징(北京, Běijīng)이며, 행정구역은 23개의 성, 5개의 자치구, 4개의 직할시, 2개의 특별행정구로 이루어져 있습니다. 인구 중 약 92%를 차지하는 한족(汉族)과 나머지 55개의 소수민족으로 구성되어 있는 것도 특징이지요.

이외에도 중국은 960만㎢에 달하는 광활한 국토를 지녔는데요, 큰 면적만큼 매우 풍부한 자원을 보유하고 있어요. 중국 영토는 무려 14개의 나라와 인접하여 있고, 전국(티베트고원 고산지대 제외)의 남에서 북으로, 각각 적도, 열대, 아열대, 난(暖)온대(남온대), 중온대, 한(寒)온대(북온대) 등 6개의 기후를 지납니다. 중국의 날씨 예보를 들어보신 적이 있나요? 같은 계절이어도 중국 각지의 날씨 상황은 모두 천차만별이랍니다. 각각 기후가 다르기 때문에, 중국은 지역마다 다양한 문화를 형성하고 있어요.

중국인들은 스스로를 용의 후예 또는 전설 속 황제들인 염제(炎帝)와 황제(黄帝)의 자손, 즉, 염황자손(炎黄子孙, yánhuáng zǐsūn)이라 칭하는데요, 우리나라의 단군신화처럼 중국인도 신화 속 인물을 통해 중국인의 정체성을 표현한다고 해요.

12화 Wǒ bú ài hē guǒzhī.
我不爱喝果汁。

APP 학습

직장 동료에게
고백 받다!?

갑자기
분위기 고백?

12화 미리보기

카페에서 리위는 까오페이에게 좋아한다고 고백한다. 까오페이는 리위의 고백을 거절하고, 여자 친구가 있다고 거짓말을 한다. 그 순간 까오페이는 창밖에서 지켜보고 있던 린티엔아이를 발견하는데…….

학습 포인트

고백하기 | 좋아하는 것과 싫어하는 것 표현하기

12화 我不爱喝果汁。 Wǒ bú ài hē guǒzhī. 나는 과일주스 안 좋아해요.

JUICE

	小	大
西瓜汁	10	12
芒果汁	10	12
柠檬汁	8	10

COFFEE

	小	大
美式咖啡	25	27
拿铁	27	30
卡布奇诺	27	30
焦糖拿铁	30	32

Gāo Fēi, hē bēi guǒzhī ba!
高飞，喝杯果汁吧!

Wǒ bú ài hē guǒzhī,
我不爱喝果汁，
tài tián le.
太甜了。

Nǐ ài hē shénme?
你爱喝什么?

리위	까오페이, 과일주스 마셔요!
까오페이	저 과일주스 안 좋아해요. 너무 달아요.
리위	뭐 즐겨 마셔요?
까오페이	전 커피를 즐겨 마셔요.
리위	안녕하세요! 커피 한 잔 주세요.

Lǐ Yǔ, nǐ yǒu shì ma?
李雨，你有事吗？

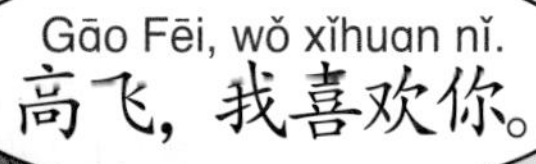

Gāo Fēi, wǒ xǐhuan nǐ.
高飞，我喜欢你。

Wǒ yǒu nǚ péngyou le.
我有女朋友了。

Tā shì shéi?
她是谁？
Tā jiào shénme míngzi?
她叫什么名字？

까오페이	리위, 무슨 일 있어요?
리위	까오페이, 나 당신이 좋아요.
까오페이	저 여자 친구 생겼어요.
리위	누구요? 이름이 뭔데요?
까오페이	그녀는…… 그녀는…….
리위	여자 친구 없네요.

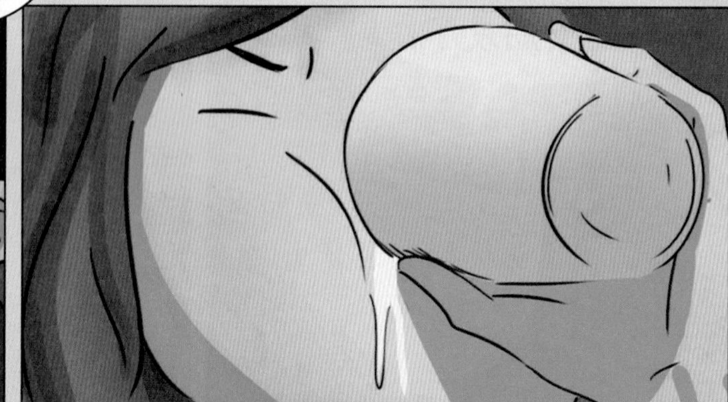

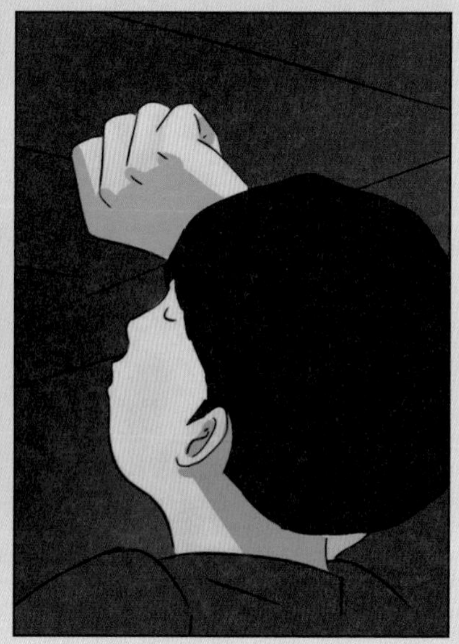

까오페이	있어요! 그녀의 이름은 린티엔아이이고, 제 이웃이에요.
리위	예뻐요?
까오페이	그녀는 정말 예뻐요.
리위	잘 있어요!

华联超市

▶ 12화 SCENE

● 12-01

SCENE #1

리위　高飞，喝杯果汁吧！
Gāo Fēi, hē bēi guǒzhī ba!

까오페이　我不爱喝果汁，太甜了。
Wǒ bú ài hē guǒzhī, tài tián le.

리위　你爱喝什么？
Nǐ ài hē shénme?

까오페이　我爱喝咖啡。
Wǒ ài hē kāfēi.

리위　你好！来杯咖啡。
Nǐ hǎo! Lái bēi kāfēi.

JUICE	COFFEE
西瓜汁 xīguā zhī	美式咖啡 měishì kāfēi
芒果汁 mángguǒ zhī	拿铁 nátiě
柠檬汁 níngméng zhī	卡布奇诺 kǎbùqínuò
	焦糖拿铁 jiāotáng nátiě

SCENE #2

까오페이　李雨，你有事吗？
Lǐ Yǔ, nǐ yǒu shì ma?

리위　高飞，我喜欢你。
Gāo Fēi, wǒ xǐhuan nǐ.

까오페이　我有女朋友了。
Wǒ yǒu nǚ péngyou le.

새단어 모음.zip

● 12-02

喝 hē 동 마시다
杯 bēi 양 잔, 컵
果汁 guǒzhī 명 과일주스
爱 ài 동 ~하기를 좋아하다, 사랑하다 명 사랑

甜 tián 형 (맛이) 달다
来 lái 동 [상대방에게 어떤 행동을 하게 하는 어감을 나타냄]
女朋友 nǚ péngyou 여자 친구
西瓜 xīguā 명 수박

리위　她是谁？她叫什么名字？
Tā shì shéi? Tā jiào shénme míngzi?

까오페이　她是……她叫……
Tā shì……　Tā jiào……

리위　你没有女朋友。
Nǐ méiyǒu nǚ péngyou.

SCENE #3-4

까오페이　我有！她叫林天爱，是我邻居。
Wǒ yǒu！ Tā jiào Lín Tiān'ài, shì wǒ línjū.

리위　她漂亮吗？
Tā piàoliang ma?

까오페이　她很漂亮。
Tā hěn piàoliang.

리위　再见！
Zàijiàn!

《华联超市》
Huálián chāoshì

芒果 mángguǒ 명 망고
柠檬 níngméng 명 레몬
汁 zhī 명 즙, 주스
美式咖啡 měishì kāfēi 아메리카노
拿铁 nátiě 카페라테
卡布奇诺 kǎbùqínuò 카푸치노
焦糖拿铁 jiāotáng nátiě 카라멜라테
华联超市 Huálián chāoshì 고유 화리엔 마트

喜欢/爱 + 동사

원래 동사 '喜欢(xǐhuan)'은 '좋아하다', '爱(ài)'는 '사랑하다'는 뜻이야. 비교하자면 '爱'의 감정이 더 깊다고 할 수 있지. 하지만 만약 '喜欢'과 '爱' 뒤에 동사가 오면, '~하는 것을 좋아하다'라는 뜻으로, 표현하는 감정의 정도가 비슷해. 중국어로 자신이 좋아하거나 싫어하는 것을 표현할 때, 많은 학생들이 종종 동사를 빼고 말하는 실수를 하는데, 이 점을 주의하도록 하자.

- 我喜欢吃西瓜。 我爱吃西瓜。 나는 수박 (먹는 것)을 좋아한다.
  Wǒ xǐhuan chī xīguā. Wǒ ài chī xīguā.
- 很多韩国人爱爬山。 많은 한국인이 등산하는 것을 좋아한다.
  Hěn duō Hánguó rén ài páshān.
- 很多中国人爱打乒乓球。 많은 중국인이 탁구 치는 것을 좋아한다.
  Hěn duō Zhōngguó rén ài dǎ pīngpāngqiú.

동사 '来'

식당이나 카페에서 주문할 때, 무언가를 구매할 때, '~을 주세요'라는 표현을 쓰잖아. 이때 '给我(gěi wǒ)'를 떠올리는 경우가 많은데, 일상회화에서는 일반적으로 '来(lái)'를 사용해서 표현해. 본문에 나온 '来杯咖啡(lái bēi kāfēi)'처럼 원하는 수량이 하나일 때는 양사 앞에 숫자 '一(yī)'를 생략하고 말하기도 해.

- 老板，来个炸鸡。 사장님, 치킨 한 마리 주세요.
  Lǎobǎn, lái ge zhájī.
- 服务员！来(一)杯冰水。 종업원! 얼음물 한 잔 주세요.
  Fúwùyuán! Lái (yì) bēi bīngshuǐ.
- 你好，来两杯美式(咖啡)。 안녕하세요, 아메리카노 두 잔 주세요.
  Nǐ hǎo, lái liǎng bēi měishì (kāfēi).

Tip Tip

실생활에서는 '咖啡(kāfēi)'를 생략하고 말하는 경우가 많다. 아이스 아메리카노는 '冰美式(bīng měishì)', 뜨거운 아메리카노는 '美式(měishì)'라고 말하면 된다.

✓체크체크 밑줄 친 부분에 주어진 단어를 넣어 말해 보세요.

❶ 很多韩国人喜欢(爱)喝冰水。

法国人 Fǎguó rén 프랑스인 / 看书 kàn shū 책을 보다
中国人 Zhōngguó rén 중국인 / 喝热水 hē rèshuǐ 뜨거운 물을 마시다
美国人 Měiguó rén 미국인 / 吃汉堡 chī hànbǎo 햄버거를 먹다

❷ 服务员！来三斤牛肉。

两个 liǎng ge 두 개 / 炸鸡 zhájī 치킨
一碗 yì wǎn 한 그릇 / 米饭 mǐfàn 밥
一杯 yì bēi 한 잔 / 美式咖啡 měishì kāfēi 아메리카노

12-04

爬山 páshān 동 등산하다 명 등산 ǀ 打 dǎ 동 (놀이·운동을) 하다 ǀ 乒乓球 pīngpāngqiú 명 탁구 ǀ 老板 lǎobǎn 명 상점 주인, 사장 ǀ 炸鸡 zhájī 명 치킨 ǀ 服务员 fúwùyuán 명 종업원 ǀ 冰水 bīngshuǐ 명 얼음물, 차가운 물 ǀ 热水 rèshuǐ 명 뜨거운 물 ǀ 汉堡 hànbǎo 명 햄버거 ǀ 米饭 mǐfàn 명 쌀밥

You Quiz?!

1 녹음을 듣고 사진과 일치하면 O, 일치하지 않으면 X를 표시하세요. 12-05

(1)

(2)

(3)

(4)

2 녹음을 듣고 내용에 알맞은 사진을 고르세요. 12-06

(1) ①  ②  ③ 

(2) ①  ②  ③ 

(3) ①  ②  ③ 

3 녹음을 듣고 일치하는 내용을 고르세요. ⊙ 12-07

(1) ① 他不爱吃苹果。Tā bú ài chī píngguǒ.
② 我朋友去公司工作。Wǒ péngyou qù gōngsī gōngzuò.
③ 她是高飞的女朋友。Tā shì Gāo Fēi de nǚ péngyou.

(2) ① 我也不喜欢你。Wǒ yě bù xǐhuan nǐ.
② 我也喜欢喝咖啡。Wǒ yě xǐhuan hē kāfēi.
③ 我没有咖啡了。Wǒ méiyǒu kāfēi le.

4 주어진 표현을 사용해 작문하세요.

喜欢/爱 + 동사

(1) ① 

나는 탁구 치는 것을 좋아한다.

→ ______________________

② 

너무 달아요. 나는 안 좋아해요.

→ ______________________

동사 来

(2) ① 

종업원, 밥 한 그릇 주세요.

→ ______________________

② 

사장님! 레몬주스 두 잔 주세요.

→ ______________________

5 다음 메신저 질문에 중국어로 답해 보세요.

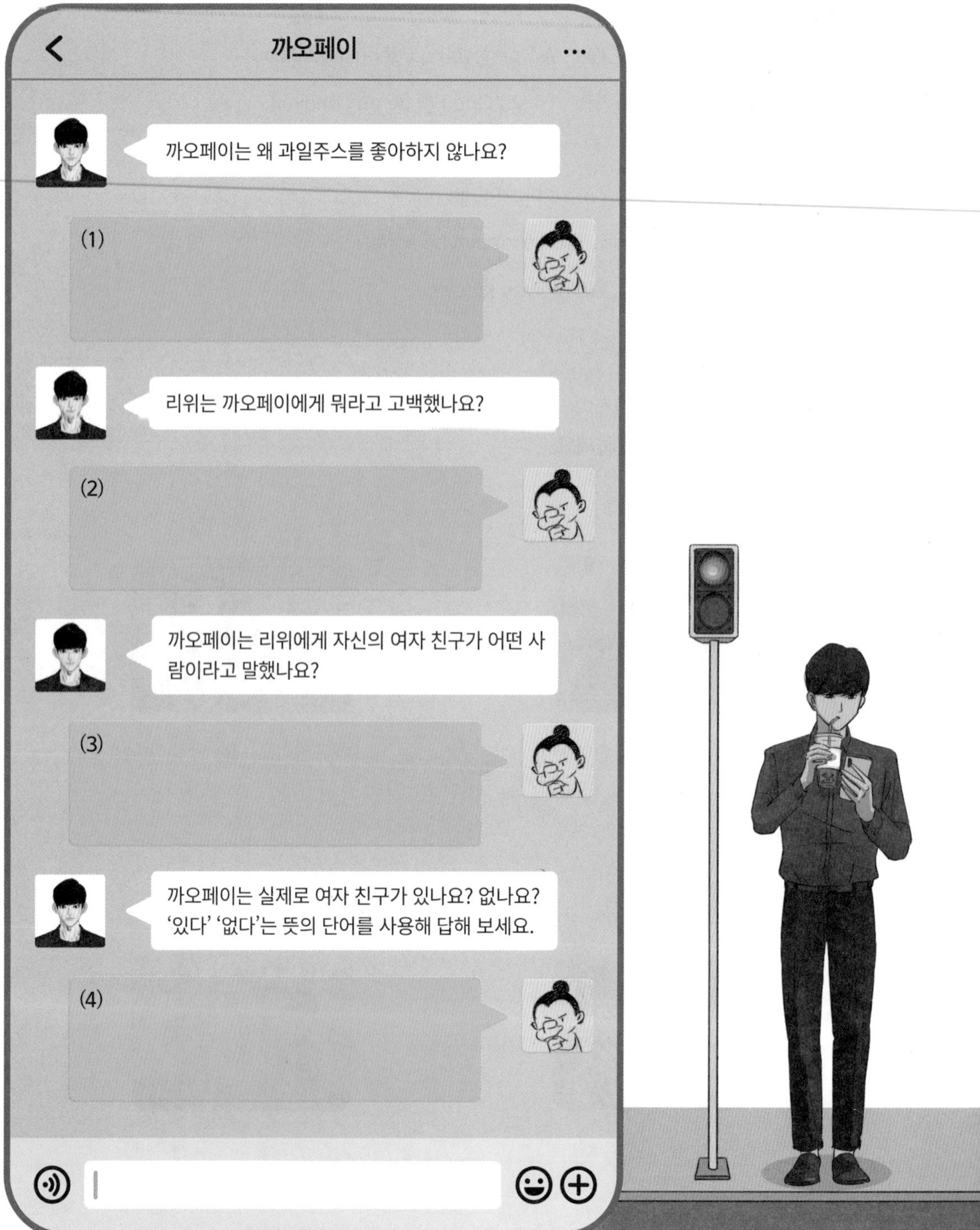

13화 Zuótiān nǐmen qù nǎr le?
昨天你们去哪儿了?

APP 학습

찬바람 쌩쌩 린티엔아이……
썸이 쌈이 되는 순간?

13화 미리보기

린티엔아이에게 어제 카페에서 리위와 있었던 일을 해명하고 싶은 까오페이. 린티엔아이가 집을 나서는 소리에 자신도 집을 나가 보는데…….

학습 포인트

장소 묻고 답하기 | 지시대명사

13화 昨天你们去哪儿了? Zuótiān nǐmen qù nǎr le?

이제 당신들은 어디에 갔었어요?

Tiān'ài, nǐ qù nǎr?
天爱，你去哪儿？

Wǒ qù yīyuàn.
我去医院。

까오페이	티엔아이, 어디 가요?
린티엔아이	저 병원에 가요.

까오페이	일하러 병원 가는 거예요?
린티엔아이	네.
까오페이	어제 어디에 갔었어요?
린티엔아이	어제 슈퍼에 갔었어요. 무슨 일 있어요?
까오페이	어제 그 사람은 제 동료예요. 리위라고 해요.

Wǒ kànjiàn le, tā hěn piàoliang.
我看见了，她很漂亮。

Zhōngwǔ yìqǐ chīfàn ba.
中午一起吃饭吧。

Duìbuqǐ,
对不起，
zhōngwǔ wǒ méiyǒu shíjiān.
中午我没有时间。

Wǎnshang ne?
晚上呢？

Wǎnshang wǒ qù dàxué
晚上我去大学
tóngxué jiā. Zàijiàn!
同学家。再见！

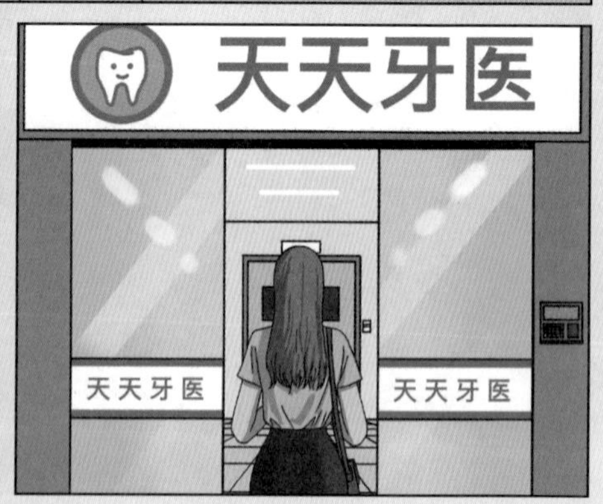

린티엔아이	저 봤어요. 예쁘시던데요.
까오페이	점심 같이 먹어요.
린티엔아이	미안하지만, 점심에 시간이 없어요.
까오페이	저녁은요?
린티엔아이	저녁에는 대학 동창 집에 가요. 안녕히 계세요!

▶ 13화 SCENE

● 13-01

SCENE #1

까오페이 天爱，你去哪儿？
Tiān'ài, nǐ qù nǎr?

린티엔아이 我去医院。
Wǒ qù yīyuàn.

SCENE #2

까오페이 你去医院工作吗？
Nǐ qù yīyuàn gōngzuò ma?

린티엔아이 对。
Duì.

까오페이 昨天你们去哪儿了？
Zuótiān nǐmen qù nǎr le?

린티엔아이 昨天我们去超市了，有事吗？
Zuótiān wǒmen qù chāoshì le, yǒu shì ma?

까오페이 昨天那个人是我同事，她叫李雨。
Zuótiān nà ge rén shì wǒ tóngshì, tā jiào Lǐ Yǔ.

새단어모음.zip

● 13-02

哪儿 nǎr 대 어디, 어느 곳
医院 yīyuàn 명 병원
昨天 zuótiān 명 어제
那 nà 대 저, 그

看见 kànjiàn 동 보다, 보이다
中午 zhōngwǔ 명 점심
时间 shíjiān 명 시간
晚上 wǎnshang 명 저녁, 밤

SCENE #3

린티엔아이	我看见了，她很漂亮。 Wǒ kànjiàn le, tā hěn piàoliang.
까오페이	中午一起吃饭吧。 Zhōngwǔ yìqǐ chīfàn ba.
린티엔아이	对不起，中午我没有时间。 Duìbuqǐ, zhōngwǔ wǒ méiyǒu shíjiān.
까오페이	晚上呢？ Wǎnshang ne?
린티엔아이	晚上我去大学同学家。再见！ Wǎnshang wǒ qù dàxué tóngxué jiā. Zàijiàn!

《天天牙医》
Tiāntiān Yáyī

大学 dàxué 명 대학
同学 tóngxué 명 동창, 학우
天天牙医 Tiāntiān Yáyī 고유 매일 치과

어법모음.zip ⊙ 13-03

의문대명사 '哪儿'

의문대명사 '哪儿(nǎr)'은 '어디' '어느 곳'이라는 뜻으로, 상대에게 위치나 장소를 물을 때 써.

주어+동사+哪儿?

- A 你去哪儿? 너 어디가?
  Nǐ qù nǎr?

  B 我去便利店。 나 편의점에 가.
  Wǒ qù biànlìdiàn.

- A 您好, 您去哪儿? 안녕하세요, 어디 가시나요?
  Nín hǎo, nín qù nǎr?

  B 我去长城。 저는 만리장성에 가요.
  Wǒ qù Chángchéng.

- A 天安门在哪儿? 텐안먼은 어디에 있나요?
  Tiān'ānmén zài nǎr?

  B 天安门在北京。 텐안먼은 베이징에 있어요.
  Tiān'ānmén zài Běijīng.

✓체크체크 밑줄 친 부분에 주어진 단어를 넣어 말해 보세요.

A 昨天你去哪儿了?
B 昨天我去超市了。

商店 shāngdiàn
상점

花店 huādiàn
꽃집

麦当劳 Màidāngláo
맥도날드

饭店 fàndiàn
식당

지시대명사 '这'와 '那'

특정한 사람, 사물, 장소 등을 지시하는 대명사를 '지시대명사'라고 해. 대표적인 지시대명사에는 '这(zhè)'와 '那(nà)'가 있어. 지시대명사 '这'는 '이(것)'이라는 뜻으로 가까운 사람·사물·장소를 가리킬 때 쓰이고, '那'는 '저(것)'이라는 뜻으로 멀리 있는 사람·사물·장소를 가리킬 때 쓰여.

중국어에서 지시대명사는 수사, 양사와 호응하여 지시대명사와 명사가 단독으로 결합하지 못하고, 지시대명사+수사+양사+명사의 어순으로 쓰여. 하지만 지시대명사 중 '这' '那'는 뒤에 양사 없이도 명사가 바로 올 수 있어.

지시대명사+(수사)+양사+명사

- 那个学生 그 학생
  nà ge xuésheng
- 这个苹果 이 사과
  zhè ge píngguǒ
- 这个房间很漂亮。 이 방은 참 예뻐요.
  Zhè ge fángjiān hěn piàoliang.
- 那只猫叫什么名字? 그 고양이는 이름이 뭐예요?
  Nà zhī māo jiào shénme míngzi?
- 这孩子真可爱。 이 아이 참 귀엽네요.
  Zhè háizi zhēn kě'ài

13-04

便利店 biànlìdiàn 명 편의점 | 长城 Chángchéng 고유 만리장성 | 天安门 Tiān'ānmén 고유 텐안먼 | 商店 shāngdiàn 명 상점, 상가 | 花店 huādiàn 명 꽃집 | 麦当劳 Màidāngláo 고유 맥도날드 | 房间 fángjiān 명 방 | 孩子 háizi 명 어린이, 아이

You Quiz?!

1 녹음을 듣고 사진과 일치하면 O, 일치하지 않으면 X를 표시하세요. 13-05

(1)  ☐

(2) 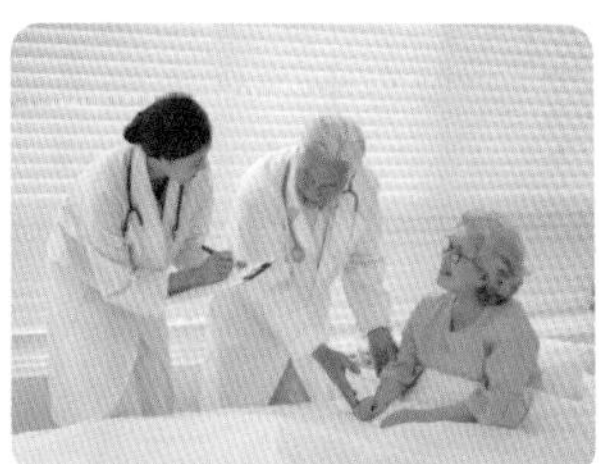 ☐

(3)  ☐

(4)  ☐

2 녹음을 듣고 내용에 알맞은 사진을 고르세요. 13-06

(1) ①  ②  ③ 

(2) ①  ②  ③ 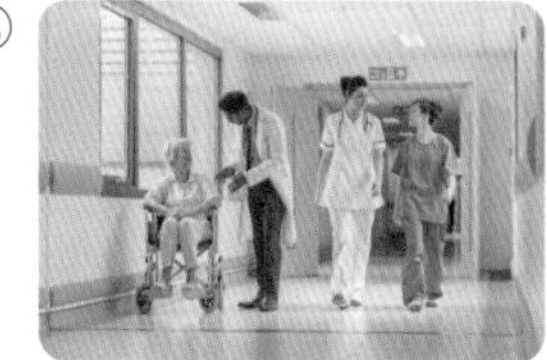

(3) ①  ② ③

(4) ①  ②  ③ 

3 녹음을 듣고 일치하는 내용을 고르세요. 13-07

(1) ① 那个人是我的汉语老师。 Nà ge rén shì wǒ de Hànyǔ lǎoshi.
② 那个人不是我的老师。 Nà ge rén bú shì wǒ de lǎoshī.
③ 那个人是我的邻居。 Nà ge rén shì wǒ de línjū.

(2) ① 我去超市。 Wǒ qù chāoshì.
② 我去公司。 Wǒ qù gōngsī.
③ 我哪儿都不去，我在家。 Wǒ nǎr dōu bú qù, wǒ zài jiā.

(3) ① 我认识她。 Wǒ rènshi tā.
② 我没看见他。 Wǒ méi kànjiàn tā.
③ 我看见他了。 Wǒ kànjiàn tā le.

4 다음 메신저 질문에 중국어로 답해 보세요.

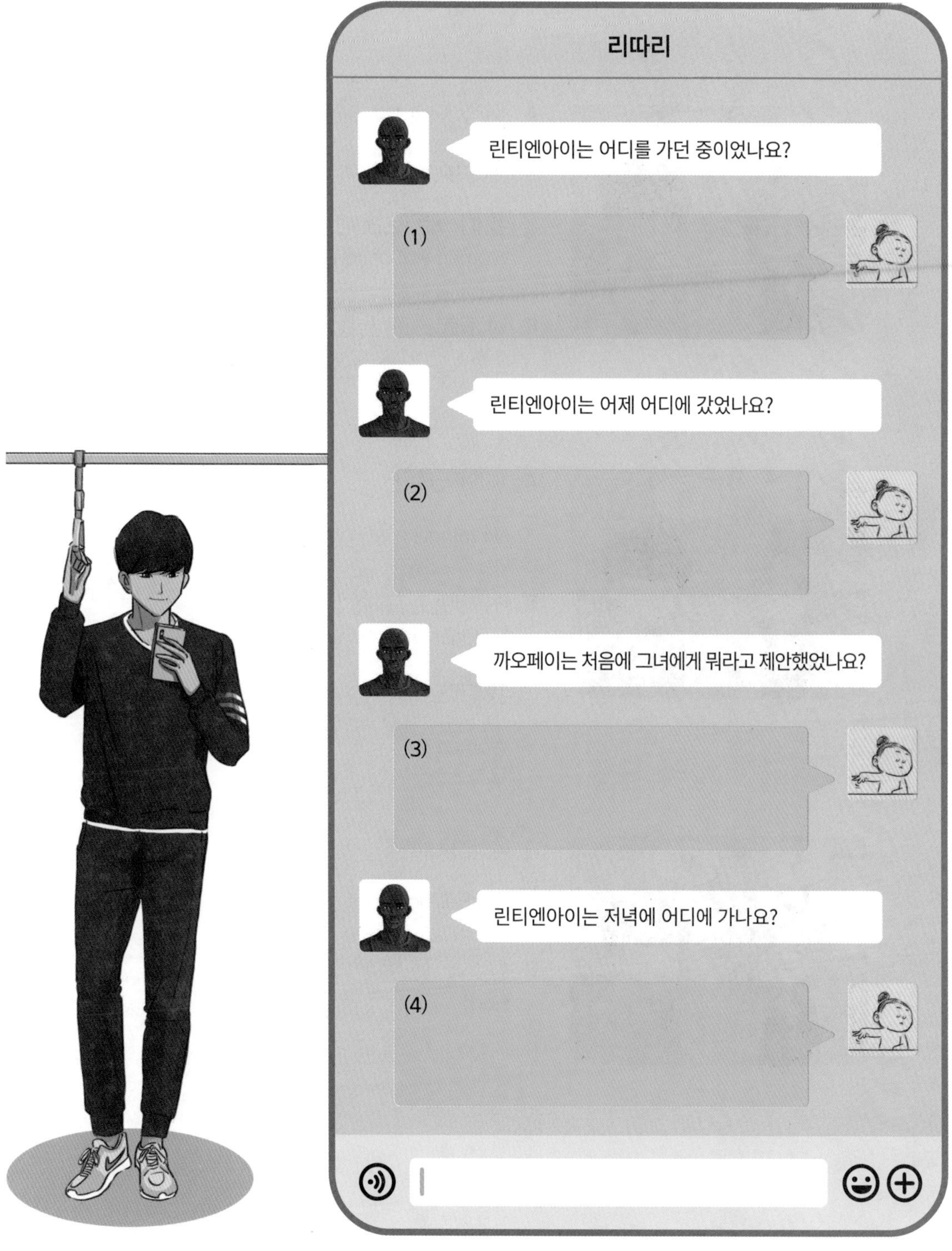

리따리
린티엔아이는 어디를 가던 중이었나요?
(1)
린티엔아이는 어제 어디에 갔었나요?
(2)
까오페이는 처음에 그녀에게 뭐라고 제안했었나요?
(3)
린티엔아이는 저녁에 어디에 가나요?
(4)

5 빈칸에 들어갈 알맞은 말을 골라 대화를 완성하세요. 13-08

보기	吧	时间	吗	呢	什么
	ba	shíjiān	ma	ne	shénme

(1)

A 你今天晚上有时间__________?

Nǐ jīntiān wǎnshang yǒu shíjiān __________?

我们一起吃饭吧。
Wǒmen yìqǐ chīfàn ba.

B 对不起，晚上我没有__________。

Duìbuqǐ, wǎnshang wǒ méiyǒu __________.

A 那明天晚上__________? *明天 míngtiān 내일

Nà míngtiān wǎnshang __________?

B 明天晚上有时间。
Míngtiān wǎnshang yǒu shíjiān.

我们吃__________菜?

Wǒmen chī __________cài?

A 吃北京烤鸭__________，去饭店吃。

Chī Běijīng kǎoyā __________, qù fàndiàn chī.

B 好!
Hǎo!

| 보기 |

哪 nǎ　　那 nà　　谁 shéi

(2)

A 那个人是＿＿＿＿＿＿?

Nà ge rén shì ＿＿＿＿＿＿?

B ＿＿＿＿＿＿个人是我同事。

＿＿＿＿＿＿ ge rén shì wǒ tóngshì.

A 他是＿＿＿＿＿＿国人?

Tā shì ＿＿＿＿＿＿guó rén?

B 他是美国人。
Tā shì Měiguó rén.

Tip Tip

昨天(어제), 今天(오늘), 明天(내일), 早上(아침), 中午(점심), 晚上(저녁) 등의 시간을 나타내는 명사는 주어 앞, 뒤에 자유롭게 올 수 있다.

중알못도 중잘알

#중국가서_뭐먹을래? #베이징일품요리 #베이징카오야

우리에게 '북경오리구이'라는 이름으로 친숙한 '베이징카오야(北京烤鸭, Běijīng kǎoyā)'는 세계적으로도 유명한 중국 대표 요리예요. '카오야(烤鸭)'는 '오리구이'라는 뜻인데, 이 요리는 오리를 위에 매달아 직접 장작을 태워 굽거나 화덕에 통째로 넣어서 구워내는 것이 특징이에요. 베이징의 상징이라고도 할 수 있는 '베이징카오야'는 껍질은 바삭하고 속은 부드러운 살로 채워져 고소하고 담백한 맛이 특징입니다.

'베이징카오야'는 그냥 먹어도 맛있지만, 접시에 먼저 하얀 밀전병을 깔고 춘장을 바른 후, 그 위에 오이, 파, 양파, 무 등을 올려 돌돌 싸먹으면 정말 맛있어요. 함께 나오는 설탕에 바삭한 오리 껍질을 곁들어 먹어도 그 맛이 일품이죠. 카오야를 다 먹을 때쯤 나오는 뼈를 우려낸 하얀 탕도 빼놓을 수 없죠.

주방장이 테이블 옆에서 손님들에게 직접 오리고기를 썰어 주는 모습을 구경하는 재미도 쏠쏠하지요. 베이징에 갈 기회가 생긴다면 맛있는 베이징카오야를 꼭 드셔 보세요!

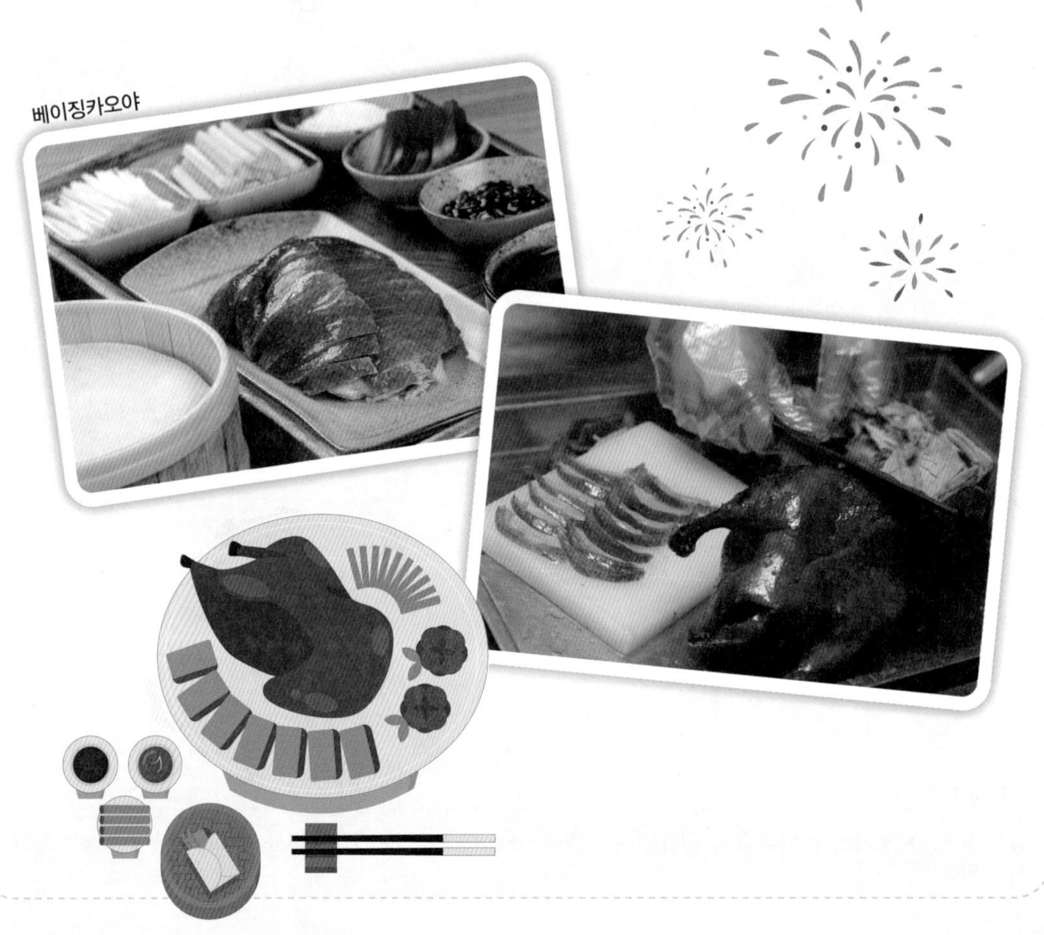

베이징카오야

▶ 14화 Tā jīnnián sān suì le.
她今年三岁了。

APP 학습

치과의사 린티엔아이는
어떤 모습일까?

14화 미리보기

린티엔아이는 함께 점심을 먹자는 까오페이의 제안을 거절하고, 예약 환자를 보기 위해 치과로 돌아와 어린아이를 치료한다.

학습 포인트

나이 묻고 답하기 | 상대방에게 권유하기

14화 她今年三岁了。 Tā jīnnián sān suì le. 그녀는 올해 세 살이에요.

Nǐ hǎo, nǐ nǚ'ér jīnnián jǐ suì?
你好，你女儿今年几岁？

Tā jīnnián sān suì le.
她今年三岁了。

Xiǎopéngyou, nǐ hǎo.
小朋友，你好。

Yīshēng hǎo.
医生好。

Nǐ jǐ suì le?
你几岁了？

Wǒ sān suì le.
我三岁了。

Wǒ kàn yíxià nǐ de yá.
我看一下你的牙。

Wǒ de yá hěn téng.
我的牙很疼。

린티엔아이	안녕하세요. 따님이 올해 몇 살인가요?
어머니	얘는 올해 세 살 됐어요.
린티엔아이	꼬마 친구, 안녕.
여자아이	의사 선생님, 안녕하세요.
린티엔아이	몇 살이니?
여자아이	세 살이에요.
린티엔아이	내가 치아 좀 볼게.
여자아이	이가 많이 아파요.

린티엔아이	사탕 좋아하니?
여자아이	저 사탕 엄청 좋아해요. 사탕은 달잖아요.
린티엔아이	넌 치아가 안 좋으니까 사탕은 적게 먹고, 과일을 많이 먹으렴.
여자아이	초콜릿은요?
린티엔아이	초콜릿은 적게 먹고, 물을 많이 마시는 게 좋아.

▶14화 SCENE

● 14-01

SCENE #1

리티엔아이 你好，你女儿今年几岁？
Nǐ hǎo, nǐ nǚ'ér jīnnián jǐ suì?

엄마 她今年三岁了。
Tā jīnnián sān suì le.

리티엔아이 小朋友，你好。
Xiǎopéngyou, nǐ hǎo.

여자아이 医生好。
Yīshēng hǎo.

리티엔아이 你几岁了？
Nǐ jǐ suì le?

여자아이 我三岁了。
Wǒ sān suì le.

리티엔아이 我看一下你的牙。
Wǒ kàn yíxià nǐ de yá.

여자아이 我的牙很疼。
Wǒ de yá hěn téng.

새단어 모음.zip

● 14-02

女儿 nǚ'ér 명 딸
今年 jīnnián 명 올해
几 jǐ 대 몇 [10 이하의 수를 물을 때 쓰임]
岁 suì 양 살, 세 [나이 세는 단위]
三 sān 수 3, 셋
小朋友 xiǎopéngyou 명 어린이, 아이, 꼬마 친구
牙 yá 명 이, 치아
吃 chī 동 먹다

SCENE #2

린티엔아이 你喜欢吃糖吗?
Nǐ xǐhuan chī táng ma?

여자아이 我很喜欢吃糖，糖很甜。
Wǒ hěn xǐhuan chī táng, táng hěn tián.

린티엔아이 你的牙不好，少吃糖，多吃水果。
Nǐ de yá bù hǎo, shǎo chī táng, duō chī shuǐguǒ.

여자아이 巧克力呢?
Qiǎokèlì ne?

린티엔아이 少吃巧克力，多喝水。
Shǎo chī qiǎokèlì, duō hē shuǐ.

糖 táng 명 사탕, 설탕
少 shǎo 형 적다
水果 shuǐguǒ 명 과일
巧克力 qiǎokèlì 명 초콜릿
水 shuǐ 명 물
妈妈 māma 명 엄마, 어머니
女孩儿 nǚháir 명 여자아이, 소녀

명사술어문

술어가 동사인 문장을 '동사술어문'이라고 하고, 술어가 형용사인 문장을 '형용사술어문'이라고 해. 그럼 '명사술어문'은 무엇일까? 그래 맞아. 술어가 명사 · 명사구 · 수량사 등으로 이루어진 문장을 바로 '명사술어문'이라고 해.

명사술어문은 일반적으로 시간이나 나이, 출신, 수량 등을 표현할 때 사용해. 명사술어문의 긍정문에서는 동사 '是(shì)'를 쓰지 않아. (만약 '是'를 쓰면 동사술어문이 되겠지?) 하지만 부정문에서는 명사술어 앞에 반드시 '不是(bú shì)'를 써서 부정문을 만들어야 해.

- 今天星期三。 오늘은 수요일이다.
  Jīntiān xīngqīsān.
- 现在四点十分。 지금은 4시 10분이다.
  Xiànzài sì diǎn shí fēn.
- 金中明不是韩国人。 찐쭝밍은 한국인이 아니다.
  Jīn Zhōngmíng bú shì Hánguó rén.
- 今天不是星期天。 오늘은 일요일이 아니다.
  Jīntiān bú shì xīngqītiān.

의문대명사 '几'

의문대명사 '几(jǐ)'는 10 이하의 비교적 적은 수량을 물어볼 때 쓰는 표현이야. 10세 이하 어린아이의 나이를 물어볼 때나 10명 미만의 비교적 적은 사람 수를 물어볼 때 쓰는 거지. 수량과 관계없이 쓰려면 '多少(duōshao)'를 쓰면 돼. '几' 뒤에는 꼭 양사를 써 주자.

- 小朋友，你几岁了？ 꼬마야, 너 몇 살이니?
  Xiǎopéngyǒu, nǐ jǐ suì le?
- 她有几只狗？ 그녀는 개가 몇 마리 있어요?
  Tā yǒu jǐ zhī gǒu?

• 你有几本汉语书? 너는 중국어 책이 몇 권 있어?
Nǐ yǒu jǐ běn Hànyǔ shū?

Tip Tip

나이를 묻는 표현

상대방의 연령에 따라 나이를 묻는 표현 방식도 다르다. 어린아이의 나이를 물어볼 때는 '你几岁(Nǐ jǐ suì)'라고 하고, 성인의 나이를 물을 때는 '你多大(Nǐ duō dà)'라고 한다. 연장자에게 나이를 물을 때는 '您多大年纪(Nín duō dà niánjì)'라는 표현을 쓴다.

• 老师的儿子几岁了? 선생님 아들은 몇 살이에요?
Lǎoshī de érzi jǐ suì le?

• 你今年多大? 당신은 올해 몇 살입니까?
Nǐ jīnnián duō dà?

• 你父母今年多大年纪? 당신 부모님은 올해 연세가 어떻게 되시나요?
Nǐ fùmǔ jīnnián duō dà niánjì?

'多/少'+동사

중국인이 습관처럼 쓰는 따뜻한 잔소리 표현이 있어! 바로, '多喝热水(duō hē rè shuǐ, 따뜻한 물을 많이 마셔요)', '少吃，多运动(shǎo chī, duō yùndòng, 적게 먹고 많이 운동해요)'와 같이 형용사 '多(duō)'와 '少(shao)'를 사용한 표현이야. '多/少+동사'는 상대방에게 무언가를 많이 혹은 적게 하라고 권할 때 자주 쓰는 표현이니 잘 배워서 사용해 보자.

• 你感冒了，多喝水。 감기에 걸렸으니, 물을 많이 마셔요.
Nǐ gǎnmào le, duō hē shuǐ.

• 天冷了，多穿衣服。 날씨가 추워졌으니, 옷을 많이 껴입어요.
Tiān lěng le, duō chuān yīfu.

• 学习汉语要多听多说。 중국어를 배우려면, 많이 듣고 많이 말해야 한다.
Xuéxí Hànyǔ yào duō tīng duō shuō.

• 以后少吃垃圾食品吧。 앞으로 정크푸드를 적게 먹어요.
Yǐhòu shǎo chī lājī shípǐn ba.

✓체크체크 밑줄 친 부분에 주어진 단어를 넣어 말해 보세요.

❶ 你感冒了，少玩儿电脑，多睡觉。

喝冰水 hē bīngshuǐ 차가운 물을 마시다 / 喝热水 hē rèshuǐ 뜨거운 물을 마시다
工作 gōngzuò 일하다 / 休息 xiūxi 휴식하다

❷ 弟弟在家，妈妈说，少吃面包，多吃水果。

看电视 kàn diànshì 텔레비전을 보다 / 学习 xuéxí 공부하다
玩儿手机 wánr shǒujī 핸드폰을 하다 / 看书 kàn shū 책을 보다

14-04

星期 xīngqī 명 요일 | 星期三 xīngqīsān 수요일 | 分 fēn 양 (시간의) 분 | 星期天 xīngqītiān 일요일 | 汉语 Hànyǔ 명 중국어 | 儿子 érzi 명 아들 | 大 dà 형 크다 | 父母 fùmǔ 명 부모 | 感冒 gǎnmào 동 감기에 걸리다 명 감기 | 穿 chuān 동 (옷을) 입다, (신발, 양말 등을) 신다 | 说 shuō 동 말하다 | 以后 yǐhòu 명 이후 | 垃圾 lājī 명 쓰레기 | 食品 shípǐn 명 식품 | 休息 xiūxi 동 쉬다, 휴식하다 명 휴식 | 电视 diànshì 동 텔레비전

You Quiz?!

1 녹음을 듣고 사진과 일치하면 O, 일치하지 않으면 X를 표시하세요. 14-05

(1) 

(2) 

2 녹음을 듣고 내용에 알맞은 사진을 고르세요. 14-06

(1) ①  ②  ③ 

(2) ①  ②  ③ 

(3) ①  ②  ③ 

3 제시된 문장을 보고 알맞은 내용을 고르세요.

(1)

王医生，你今年多大了?
Wáng yīshēng, nǐ jīnnián duō dà le?

① 상대방의 나이를 물어보고 있다
② 상대방의 키를 물어보고 있다
③ 상대방의 올해 계획을 물어보고 있다

(2)

你感冒了，多穿衣服，少喝冰水。
Nǐ gǎnmào le, duō chuān yīfu, shǎo hē bīngshuǐ.

① 상대방은 옷을 많이 껴입었다
② 상대방은 따뜻한 물을 많이 마신다
③ 상대방은 감기에 걸렸다

4 의미에 맞게 주어진 단어를 바르게 배열하세요.

(1)

喝 hē	喝 hē	咖啡 kāfēi	少 shǎo	多 duō	牛奶 niúnǎi

커피를 적게 마시고 우유를 많이 마시세요.

______________________________。

(2)

三岁 sān suì	同事 tóngshì	女儿 nǚ'ér	的 de	我 wǒ	了 le

내 동료의 딸은 세 살입니다.

______________________________。

5 다음 메신저 질문에 중국어로 답해 보세요.

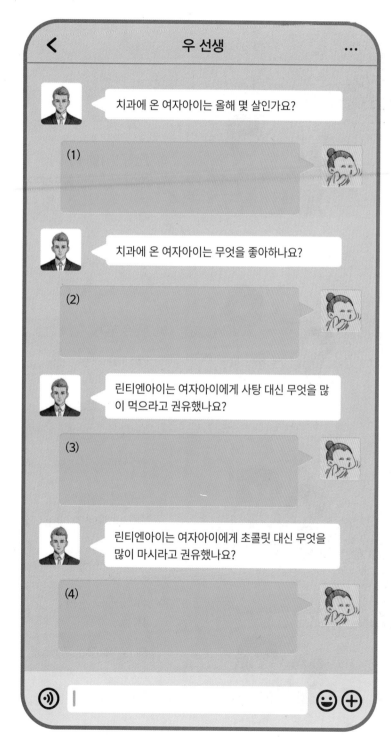

우 선생

치과에 온 여자아이는 올해 몇 살인가요?

(1)

치과에 온 여자아이는 무엇을 좋아하나요?

(2)

린티엔아이는 여자아이에게 사탕 대신 무엇을 많이 먹으라고 권유했나요?

(3)

린티엔아이는 여자아이에게 초콜릿 대신 무엇을 많이 마시라고 권유했나요?

(4)

6 빈칸에 들어갈 알맞은 말을 골라 대화를 완성하세요. 14-07

| 보기 |

一下	多	什么	几	岁	少
yíxià	duō	shénme	jǐ	suì	shǎo

A 小朋友，你好！你叫__________名字？

Xiǎo péngyou，nǐ hǎo！Nǐ jiào __________míngzi?

B 您好！我叫小明。
Nín hǎo！Wǒ jiào Xiǎomíng.

A 小明！你今年__________岁了？

Xiǎomíng！Nǐ jīnnián __________suì le?

B 我今年八__________了。

Wǒ jīnnián bā __________le.

A 我看__________你的眼睛。

Wǒ kàn __________nǐ de yǎnjing.

B 我的眼睛很疼。
Wǒ de yǎnjing hěn téng.

A 你的眼睛不好，__________看手机，__________休息。

Nǐ de yǎnjing bù hǎo，__________kàn shǒujī，__________xiūxi.

*眼睛 yǎnjing 눈 [신체]

15화 Wǒ néng zuò zhèlǐ ma? 我能坐这里吗?

APP 학습

회사 앞에서 열린 설문조사 이벤트?!

15화 미리보기

점심시간 까오페이는 편의점에서 먹을거리를 사서 돌아오는 길에, 회사 앞에서 한 설문조사가 진행 중인 것을 본다. 그는 어떤 설문조사인지 궁금했는데…….

학습 포인트

가능·불가능의 표현 | 수량 묻고 답하기

15화 我能坐这里吗? Wǒ néng zuò zhèlǐ ma?

여기 앉아도 되나요?

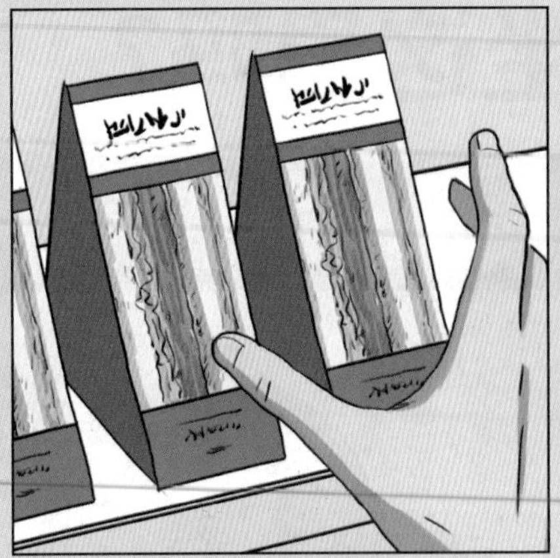

까오페이 안녕하세요, 여기 앉아도 되나요?
대학생 앉으세요.

까오페이	이건 뭔가요?
대학생	설문조사입니다.
까오페이	학생이세요?
대학생	저희는 모두 베이징 대학교 학생입니다. 여기 제 학생증이에요.
까오페이	이 조사에는 몇 개의 질문이 있나요?

대학생	이 조사에는 4개의 질문이 있어요.
까오페이	선물 있나요?
대학생	있습니다.
까오페이	제가 해도 될까요?
대학생	그럼요.

15화 SCENE

15-01

SCENE #1

까오페이 你好，我能坐这里吗？
Nǐ hǎo, wǒ néng zuò zhèlǐ ma?

대학생 请坐。
Qǐng zuò.

SCENE #2

까오페이 这是什么？
Zhè shì shénme?

대학생 这是一个调查。
Zhè shì yí ge diàochá.

까오페이 你们是学生吗？
Nǐmen shì xuésheng ma?

대학생 我们都是北京大学的学生，
Wǒmen dōu shì Běijīng Dàxué de xuésheng,

这是我的学生证。
zhè shì wǒ de xuéshēngzhèng.

까오페이 这个调查有多少个问题？
Zhè ge diàochá yǒu duōshao ge wèntí?

새단어모음.zip

15-02

能 néng 조동 ~할 수 있다
坐 zuò 동 앉다, (탈 것에) 타다
这里 zhèlǐ 대 이곳, 여기
调查 diàochá 명 조사 동 조사하다
学生 xuésheng 명 학생
北京大学 Běijīng Dàxué 고유 베이징 대학교
学生证 xuéshēngzhèng 명 학생증
多少 duōshao 대 얼마, 몇

SCENE #3

대학생 这个调查有4个问题。
Zhè ge diàochá yǒu sì ge wèntí.

까오페이 有礼物吗?
Yǒu lǐwù ma?

대학생 有。
Yǒu.

까오페이 我能做一下吗?
Wǒ néng zuò yíxià ma?

대학생 没问题。
Méi wèntí.

问题 wèntí 명 문제, 질문
礼物 lǐwù 명 선물
没问题 méi wèntí 문제없다

어법모음.zip ● 15-03

조동사 '能'

'能(néng)'은 동사 앞에서 동사를 도와주는 조동사야. 조동사 '能' 뒤에 동사가 오면 '~할 수 있다'는 뜻으로, 무언가를 할 수 있는 능력, 가능성을 가지고 있음을 나타내. 부정형은 '不能(bù néng)'을 쓰면 돼. 능력이 부족하여 '~할 수 없다'는 뜻 외에도, 규정상의 금지를 나타내는 '~해서는 안 된다'라는 뜻도 있으니 다양하게 활용해 보자.

- 你在看什么？ 我能看一下吗？ 뭘 보고 있어요? 제가 볼 수 있을까요?
  Nǐ zài kàn shénme? Wǒ néng kàn yíxià ma?
- 我能问一个问题吗？ 제가 질문 하나 해도 될까요? [가능성]
  Wǒ néng wèn yí ge wèntí ma?
- 这儿不能吸烟。 여기서는 담배를 피울 수 없습니다. [금지]
  Zhèr bù néng xīyān.
- 上课不能玩手机。 수업 시간에 핸드폰을 하면 안 됩니다. [금지]
  Shàngkè bù néng wán shǒujī.

의문대명사 '多少'

10 이하의 비교적 적은 수량을 물어볼 때 쓰는 의문대명사는 '几(jǐ)'라고 했지. 그렇다면 수량이 10이 넘거나 확실하지 않은 수량을 물어볼 때는 무엇을 써야 할까? 바로 '多少(duōshao)'야. '几' 뒤에는 양사를 꼭 써 줘야 하지만, '多少' 뒤에는 양사를 생략할 수 있어.

- 你们班有多少(个)学生？ 너희 반은 학생이 몇 명이니?
  Nǐmen bān yǒu duōshao (ge) xuésheng?
- 中国有多少(个)省？ 중국에는 성이 몇 개 있습니까?
  Zhōngguó yǒu duōshao (ge) shěng?
- 老板，牛肉多少钱一斤？ 사장님, 소고기 한 근에 얼마인가요?
  Lǎobǎn, niúròu duōshao qián yì jīn?

Tip Tip

가격 묻기

가격을 물어볼 때는 무조건 '几'가 아니라 '多少'를 써서 '多少钱(duōshao qián)'이라고 물어봐야 한다. 베이징 방언인 '儿(-r)'를 써서 '多儿钱(duōr qián)'이라는 표현도 많이 쓴다.

✓체크체크 주어진 단어를 바르게 배열하여 문장을 완성하세요.

❶

老板 lǎobǎn	多少 duōshao	个 ge	钱 qián	椅子 yǐzi	这 zhè

사장님, 이 의자는 얼마예요?

→ ______________________________?

❷

漫画书 mànhuàshū	本 běn	你的 nǐ de	好多 hǎo duō	有 yǒu	多少 duōshao

너 만화책이 아주 많구나. 몇 권이나 있는 거야?

→ ______________________________?

15-04

吸烟 xīyān 동 담배를 피우다 | 上课 shàngkè 동 수업하다, 수업을 듣다 | 玩(儿)手机 wán(r) shǒujī 동 핸드폰을 하다(핸드폰 하면서 놀다) | 省 shěng 명 성 [중국의 1급 지방 행정 단위] | 钱 qián 명 돈 | 椅子 yǐzi 명 의자 | 漫画 mànhuà 명 만화

1 녹음을 듣고 사진과 일치하면 O, 일치하지 않으면 X를 표시하세요. 15-05

(1) 

(2) 

(3) 

(4) 

2 녹음을 듣고 내용에 알맞은 사진을 고르세요. 15-06

(1) ①  ②  ③ 

(2) ①  ②  ③ 

(3) ①  ② ③ 

3 제시된 문장을 보고 알맞은 내용을 고르세요.

(1)

你是哪个大学的学生?
Nǐ shì nǎ ge dàxué de xuésheng?

① 北京大学有很多学生。
Běijīng Dàxué yǒu hěn duō xuésheng.

② 我是清华大学的学生。 *清华大学 칭화 대학교
Wǒ shì Qīnghuá Dàxué de xuésheng.

③ 我有学生证。
Wǒ yǒu xuéshēngzhèng.

(2)

我能喝杯咖啡吗? Wǒ néng hē bēi kāfēi ma?

① 好，来杯茶。Hǎo, lái bēi chá.

② 你有事吗? Nǐ yǒu shì ma?

③ 对不起，没有咖啡。Duìbuqǐ, méiyǒu kāfēi.

(3)

你有多少本汉语书? Nǐ yǒu duōshao běn Hànyǔ shū?

① 我是老师。Wǒ shì lǎoshī.

② 我有很多英语书。Wǒ yǒu hěn duō Yīngyǔ shū.

③ 我有三本汉语书。Wǒ yǒu sān běn Hànyǔ shū.

4 **다음 메신저 질문에 중국어로 답해 보세요.**

찐쭝밍

까오페이가 만난 학생들은 무엇을 하는 중이었나요?

(1)

까오페이가 만난 학생들은 어느 학교의 학생이었나요?

(2)

까오페이는 무엇을 얻기 위해 설문조사에 참여했나요?

(3)

5 **빈칸에 들어갈 알맞은 단어를 골라 문장을 완성하고 해석하세요.** 15-07

보기	里 li	能 néng	多少 duōshao	做 zuò

(1)

你现在______来公司吗？我们有一个工作问题。

Nǐ xiànzài______lái gōngsī ma? wǒmen yǒu yí ge gōngzuò wèntí.

해석 ________________

(2)

北京大学有______个学生？

Běijīng Dàxué yǒu______ge xuésheng?

해석 ________________

(3)

A 你在做什么？
Nǐ zài zuò shénme?

해석 ________________

B 我在______一个礼物。

Wǒ zài______yí ge lǐwù.

해석 ________________

(4)

A 我的学生证在哪儿？
Wǒ de xuéshēngzhèng zài nǎr?

해석 ________________

B 在你的包______。 *包 bāo 가방

Zài nǐ de bāo______.

해석 ________________

16화 Nín de diànhuà hàomǎ shì duōshao? 您的电话号码是多少?

APP 학습

귀여운 인형 받고 개인 정보도 술술~♬

16화 미리보기

까오페이는 베이징 대학교 학생들이 진행하는 설문조사에 참여한다. 설문조사를 마친 후 까오페이는 귀여운 강아지 인형을 선물로 받고, 린티엔아이에게 주기로 마음먹는다.

학습 포인트

직업 표현 | 가족 구성원 소개하기 | 숫자 읽기

▶ 16화 您的电话号码是多少? Nín de diànhuà hàomǎ shì duōshao?

당신의 핸드폰 번호는 몇 번인가요?

Nín zuò shénme gōngzuò?
您做什么工作?

Wǒ shì shèjìshī,
我是设计师,
zài guǎnggào gōngsī gōngzuò.
在广告公司工作。

Nín jiā yǒu jǐ kǒu rén?
您家有几口人?

Wǒ jiā yǒu sì kǒu rén,
我家有四口人,
bàba, māma, Bǐnggān hé wǒ.
爸爸、妈妈、饼干和我。

Bǐnggān shì shéi?
饼干是谁?

대학생	어떤 일을 하시나요?
까오페이	저는 디자이너예요. 광고 회사에서 일하고 있어요.
대학생	가족이 몇 명이에요?
까오페이	우리 집은 아버지, 어머니, 빙깐 그리고 저 이렇게 네 명이에요.
대학생	빙깐은 누구예요?

까오페이	빙깐은 제 강아지에요.
대학생	핸드폰 번호가 몇 번인가요?
까오페이	178-9602-5875
대학생	감사합니다, 이건 선물이에요.
까오페이	감사해요. 이 선물 참 귀엽네요.

▶16화 SCENE

● 16-01

SCENE #1

대학생 您做什么工作?
Nín zuò shénme gōngzuò?

까오페이 我是设计师，在广告公司工作。
Wǒ shì shèjìshī, zài guǎnggào gōngsī gōngzuò.

대학생 您家有几口人?
Nín jiā yǒu jǐ kǒu rén?

까오페이 我家有四口人，爸爸、妈妈、饼干和我。
Wǒ jiā yǒu sì kǒu rén, bàba、māma、Bǐnggān hé wǒ.

대학생 饼干是谁?
Bǐnggān shì shéi?

SCENE #2

까오페이 饼干是我的狗。
Bǐnggān shì wǒ de gǒu.

대학생 您的手机号码是多少?
Nín de shǒujī hàomǎ shì duōshao?

까오페이 178 9602 5875。
Yāo qī bā jiǔ liù líng èr wǔ bā qī wǔ.

새단어모음.zip

● 16-02

在 zài 개 ~에, ~에서
广告 guǎnggào 명 광고
口 kǒu 양 식구
爸爸 bàba 명 아빠, 아버지
和 hé 개 ~와/과
手机 shǒujī 명 핸드폰
号码 hàomǎ 명 번호, 숫자, 사이즈
一 yī 수 1, 하나 [번호를 말할 때는 yāo로 발음함]
二 èr 수 2, 둘
三 sān 수 3, 셋

대학생 谢谢您，这是您的礼物。
Xièxie nín, zhè shì nín de lǐwù.

까오페이 谢谢，这个礼物很可爱。
Xièxie, zhè ge lǐwù hěn kě'ài.

四 sì 수 4, 넷
五 wǔ 수 5, 다섯
六 liù 수 6, 여섯
七 qī 수 7, 일
八 bā 수 8, 여덟
九 jiǔ 수 9, 아홉
十 shí 수 10, 열
零 líng 수 0, 영

한 자리 숫자 읽기

1~10까지 한 자리 숫자와 십(十, shí), 백(百, bǎi), 천(千, qiān), 만(万, wàn), 억(亿, yì)을 표현하는 단위를 알면 모든 숫자를 표현할 수 있어. 중국은 숫자를 손가락으로도 표현하는데, 외워 두면 실생활에서 유용하게 사용할 수 있어.

1	2	3	4	5
一 yī	二 èr	三 sān	四 sì	五 wǔ

6	7	8	9	10
六 liù	七 qī	八 bā	九 jiǔ	十 shí

숫자 10~100 표현하기

十 shí	二十 èrshí	三十 sānshí	四十 sìshí	五十 wǔshí
10	20	30	40	50

六十 liùshí	七十 qīshí	八十 bāshí	九十 jiǔshí	一百 Yìbǎi
60	70	80	90	100

Tip Tip

숫자 1의 발음은 두 가지이다?!

숫자 1을 나타내는 '一'의 발음은 'yī'지만 번호를 읽을 때는 'yāo'라고 읽는다. 'yī(1)'와 'qī(7)'의 발음이 비슷하기 때문에 잘못 듣는 실수를 방지하기 위해서이다. 핸드폰 번호나, 119, 112와 같은 긴급 번호, 그리고 방 호수와 버스 번호를 읽을 때는 'yāo'라고 읽어 주자!

119 yāo yāo jiǔ 화재신고 119 | 108号 yāo líng bā hào 108호

개사 '在'

개사 '在(zài)'는 '~에(서)'라는 뜻으로, 일반적으로 '在+장소/시간명사+동사' 형식으로 쓰여서 동작·행위와 관계되는 시간·장소·범위·조건 등을 이끄는 역할을 해. 앞에서 배웠던 동사 '在(~에 있다)', 부사 '在(~하고 있다)'와는 또 다른 용법이지? 이렇듯 '在'는 중국어에서 여러 가지 모습으로 활용되고 있어.

- 她在房间里看书。 그녀는 방 안에서 책을 본다.
  Tā zài fángjiān li kàn shū.
- 哥哥在中国学习汉语。 형은 중국에서 중국어를 공부한다.
  Gēge zài Zhōngguó xuéxí Hànyǔ.

접속사 '和'

'和(hé)'는 '~와/과'라는 뜻으로, 문장에서 비슷한 유형의 단어나 구를 연결해서 병렬관계를 나타내. 기본 형식은 'A和B(A와 B)'인데, A와 B에는 주로 명사나 대명사가 오고, 이때 병렬되는 것이 둘일 경우에는 둘 사이에, 셋 이상일 경우에는 마지막 둘 사이에 '和'를 쓰면 돼.

- 我和他都是大学生。 나와 그는 모두 대학생이다.
  Wǒ hé tā dōu shì dàxuéshēng.
- 爸爸和弟弟去书店了。 아버지와 남동생은 서점에 갔다.
  Bàba hé dìdi qù shūdiàn le.
- 我喜欢吃苹果和梨。 나는 사과와 배를 즐겨 먹는다.
  Wǒ xǐhuan chī píngguǒ hé lí.

16-04

百 bǎi 수 백 | 千 qiān 수 천 | 万 wàn 수 만 | 亿 yì 수 억 | 号 hào 명 번호 | 书店 shūdiàn 명 서점 | 梨 lí 명 배 [과일]

You Quiz?!

1 녹음을 듣고 사진과 일치하면 O, 일치하지 않으면 X를 표시하세요. 16-05

(1) 

(2) 

(3) 

(4) 

2 녹음을 듣고 내용에 알맞은 사진을 고르세요. 16-06

(1) ①  ②  ③ 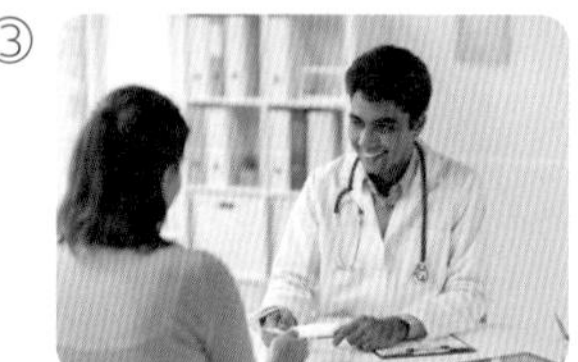

(2) ①  ②  ③ 

3 녹음을 듣고 일치하는 내용을 고르세요. 16-07

(1) ① 我家有四口人。Wǒ jiā yǒu sì kǒu rén.
② 我家有三口人。Wǒ jiā yǒu sān kǒu rén.
③ 我家在北京。Wǒ jiā zài Běijīng.

(2) ① 我没有工作，我是学生。Wǒ méiyǒu gōngzuò, wǒ shì xuésheng.
② 我在学校工作。Wǒ zài xuéxiào gōngzuò.
③ 我没有学生证。Wǒ méiyǒu xuéshēngzhèng.

(3) ① 她是北京人。Tā shì Běijīng rén.
② 她是家庭主妇。Tā shì jiātíng zhǔfù. *家庭主妇 jiātíng zhǔfù 가정주부
③ 她不是家庭主妇。Tā bú shì jiātíng zhúfù.

4 다음 그림을 보고 질문에 답해 보세요.

(1) 나의 기숙사 방 번호는 무엇일까요?

(2) 중국의 화재 신고 번호는 무엇인가요?

5 다음 메신저 질문에 중국어로 답해 보세요.

6 빈칸에 들어갈 단어를 보기에서 골라 단문을 완성하세요. 16-08

보기					
和	都	老师	叫	果汁	口
hé	dōu	lǎoshī	jiào	guǒzhī	kǒu

我家有五__________人，爸爸、妈妈、哥哥、妹妹__________我。

Wǒ jiā yǒu wǔ __________ rén, bàba、māma、gēge、mèimei __________ wǒ.

我是__________，在学校工作。

Wǒ shì __________ , zài xuéxiào gōngzuò.

我喜欢喝__________和吃水果。我和妹妹__________爱听歌。

Wǒ xǐhuan hē __________ hé chī shuǐguǒ. Wǒ hé mèimei __________ ài tīnggē.

我们家有宠物，它的名字__________mango。

Wǒmen jiā yǒu chǒngwù, tā de mígnzi __________ mango.

중알못도 중잘알

#중국의숫자문화 #제가살게요_그숫자 #8888 #중국인이좋아하는숫자

중국인이 가장 좋아하는 숫자는 무엇일까요? 그 숫자는 바로 '8'입니다. 중국에서는 핸드폰 번호, 차량 번호판, 문 번호판, 심지어 아파트 층수를 선택할 때도 숫자 8이 들어가면 그 가치가 몇 배로 올라간다는 사실 아시나요? 기쁜 일에 축의금을 줄 때도 88위안, 888위안, 1888위안 등 숫자 8이 포함된 액수를 주면 좀 더 의미 있는 선물이 되죠.

그렇다면 중국인들은 왜 이렇게 숫자 8을 좋아할까요?

숫자 8은 중국어로 '八(bā)'라고 읽습니다. 그런데 중국 광둥성(广东省)에서는 지역 방언 때문에 'bā'가 아닌 'fā'라고 발음해요. 이때 이 발음이 '돈을 벌다'라는 뜻의 发财(fācái)'의 发(fā)와 같고, 우연의 일치인지 광둥성 세 곳의 경제특구는 수십 년 동안 어마어마한 발전이 있었죠. 이에 중국인은 숫자 8이 행운과 재운을 불러들인다고 믿게 되었어요. 2008년 베이징 올림픽 개막 시간도 2008년 8월 8일 8시 8분 8초로 정했을 만큼 중국인의 숫자 8에 대한 사랑은 특별하답니다.

이외에도 중국인은 숫자 6(六, liù)과 9(九, jiǔ)도 좋아합니다. 숫자 6은 '일이 순조롭게 잘 풀린다'는 의미의 성어 '六六大顺(liùliù dàshùn)'을 떠올리게 하여 행운의 숫자라고 불려요. 숫자 9는 '길다', '오래가다'를 뜻하는 '久(jiǔ)'와 발음이 같아서 '오래 발전하고 장수한다'는 뜻으로 사용됩니다. 중국의 유명 제약회사 이름도 숫자 9가 세 번 쓰여 '三九(sānjiǔ, 999)' 그룹이에요. 이 회사의 약을 먹으면 오래 살 것 같은 느낌이 들죠? 이렇게 숫자를 이용해서 중국인의 마음을 끌어당기는 마케팅을 할 수도 있어요.

반대로 중국인은 숫자 3(三, sān), 4(四, sì), 7(七, qī)을 좋아하지 않아요. 숫자 3은 '흩어진다'라는 뜻의 '散(sàn)'과 발음이 비슷해 재물이 흩어진다고 생각하고, 숫자 4는 죽음을 뜻하는 단어 '死(sǐ)'와 발음이 비슷해서, 숫자 7은 '화나다'라는 뜻의 '气(qì)'와 발음이 비슷해 화를 부른다고 여겨 기피합니다.

17화 Wǒ xiǎng mǎi yí ge bēizi.
我想买一个杯子。

APP 학습

까오페이가 카페에서
한 시간 보낸 이유
이것도 별로, 저것도 별로

17화 미리보기

까오페이는 자신이 리위와 까페에서 함께 있던 장면을 본 후로 린티엔아이가 자신에게 냉정해졌다는 것을 느낀다. 그는 오해를 풀기 위해, 커피를 좋아하는 린티엔아이에게 커피 잔을 하나 선물하려고 한다.

학습 포인트

물건 구매하기 | 중국 화폐의 종류

17화 我想买一个杯子。 Wǒ xiǎng mǎi yí ge bēizi.

저는 잔을 하나 사고 싶어요.

점원	안녕하세요, 선생님. 무엇을 사고 싶으신가요?
까오페이	저는 잔을 하나 사고 싶어요.
점원	무슨 잔을 사고 싶으세요?
까오페이	저는 커피 잔을 하나 사고 싶은데요.

Nàxiē dōu shì kāfēi bēi.
那些都是咖啡杯。

Hǎode, wǒ kàn yíxià.
好的，我看一下。

Zhèxiē bēizi nín xǐhuan nǎ yí ge?
这些杯子您喜欢哪一个？

Wǒ dōu bú tài xǐhuan.
我都不太喜欢。

점원	저기 있는 것들이 다 커피 잔이에요.
까오페이	네, 좀 볼게요.
점원	이 잔들 중에서 어떤 게 마음에 드세요?
까오페이	저는 다 별로 마음에 안 드는데요.

점원	이 잔은 어떠세요?
까오페이	이 잔은 너무 커요.
점원	이건요?
까오페이	이건 크지도 작지도 않고, 귀여워요. 얼마예요?
점원	90위안입니다.

▶ 17화 SCENE

● 17-01

SCENE #1

점원 您好，先生。你想买什么？
Nín hǎo, xiānsheng. Nín xiǎng mǎi shénme?

까오페이 我想买一个杯子。
Wǒ xiǎng mǎi yí ge bēizi.

점원 您想买什么杯子？
Nín xiǎng mǎi shénme bēizi?

까오페이 我想买一个咖啡杯。
Wǒ xiǎng mǎi yí ge kāfēi bēi.

SCENE #2

점원 那些都是咖啡杯。
Nàxiē dōu shì kāfēi bēi.

까오페이 好的，我看一下。
Hǎode, wǒ kàn yíxià.

점원 这些杯子您喜欢哪一个？
Zhèxiē bēizi nín xǐhuan nǎ yí ge?

까오페이 我都不太喜欢。
Wǒ dōu bú tài xǐhuan.

새단어모음.zip

● 17-02

想 xiǎng 조동 ~하고 싶다, ~하려 하다
买 mǎi 동 사다
杯子 bēizi 명 컵, 잔
些 xiē 양 약간, 몇몇, 일부
那些 nàxiē 대 그것들
这些 zhèxiē 대 이것들
好的 hǎode 감 좋아요, 됐어요 [찬성 또는 끝이 났음을 나타냄]
不太 bú tài 그다지 ~하지 않다

SCENE #3

점원	这个杯子怎么样? Zhè ge bēizi zěnme yàng?
까오페이	这个杯子太大了。 Zhè ge bēizi tài dà le.
점원	这个呢? Zhè ge ne?
까오페이	这个不大不小，很可爱，多少钱? Zhè ge bú dà bù xiǎo, hěn kě'ài, duōshao qián?
점원	90块钱。 Jiǔshí kuài qián.

怎么样 zěnme yàng 대 어떻다, 어떠하다
大 dà 형 크다
钱 qián 명 돈
块 kuài 양 위안 [화폐 단위]

店员 diànyuán 명 점원
星巴克 Xīngbākè 고유 스타벅스

조동사 '想'

조동사 '想(xiǎng)'은 동사 앞에 쓰여 '~을 하고 싶다'라는 뜻을 나타내. 부정형은 '想' 앞에 부정부사 '不(bù)' 또는 '没(méi)'를 붙이면 되는데, '不想(bù xiǎng)'은 주관적인 '~하고 싶지 않다'라는 뜻이고, '没想(méi xiǎng)'은 애초에 '~하고 싶은 생각이 없(었)다'라는 뜻이야.

주어+想+동사

- 你想看什么书? 당신은 어떤 책을 보고 싶어요?
  Nǐ xiǎng kàn shénme shū?
- 姐姐想去澳大利亚上学。 언니는 오스트레일리아로 공부하러 가고 싶어한다.
  Jiějie xiǎng qù Àodàlìyà shàngxué.

주어+不想/没想+동사

- 我现在不想吃饭。 나는 지금 밥을 먹고 싶지 않다.
  Wǒ xiànzài bù xiǎng chīfàn.
- 他没想去考试。 그는 시험 보러 갈 생각이 없었다.
  Tā méi xiǎng qù kǎoshì.

가격 묻고 흥정하기

중국에서 물건을 살 때 "얼마예요?"라고 가격을 물어보려면 '多少钱?(Duōshao qián?)'이라고 하면 돼. 가격을 묻는 표현으로, '어떻게 팔아요?'라는 뜻의 '怎么卖?(Zěnme mài?)'도 자주 쓰는데 수량에 따라 판매하는 물건의 가격을 물을 때 주로 사용해. 물건을 사려면 흥정을 해야지? 깎아 달라는 의미의 '便宜点儿(piányi diǎnr)'이라는 표현을 꼭 알아 두자.

- **A** 这个多少钱? 이거 얼마예요?
  Zhè ge duōshao qián?

  B 三百五十块。 350위안입니다.
  Sānbǎi wǔshí kuài.

A 太贵了，便宜点儿吧。 너무 비싸요. 좀 깎아 주세요.
Tài guì le, piányi diǎnr ba.

- 老板，这些苹果怎么卖？ 사장님, 이 사과 어떻게 팔아요?
Lǎobǎn, zhèxiē píngguǒ zěnme mài?

중국 화폐의 종류

중국 화폐는 '人民币(rénmínbì)'라고 하고, '￥'로 표시해. 공식적인 화폐 단위는 '元(yuán)' '角(jiǎo)' '分(fēn)'인데, 일상회화에서는 '元' 대신 '块(kuài)'를, '角' 대신 '毛(máo)'를 더 많이 사용해. 현재 통용되고 있는 화폐의 단위로 지폐는 100元, 50元, 20元, 10元, 5元, 1元이 있고, 동전은 1元, 5角, 1角가 있어.가장 작은 단위인 '分'은 거의 쓰지 않는 추세야.

글로 쓸 때	元 yuán ǀ 角 jiǎo ǀ 分 fēn
말로 할 때	块 kuài ǀ 毛 máo ǀ 分 fēn

크기	1元 = 10角 = 100分

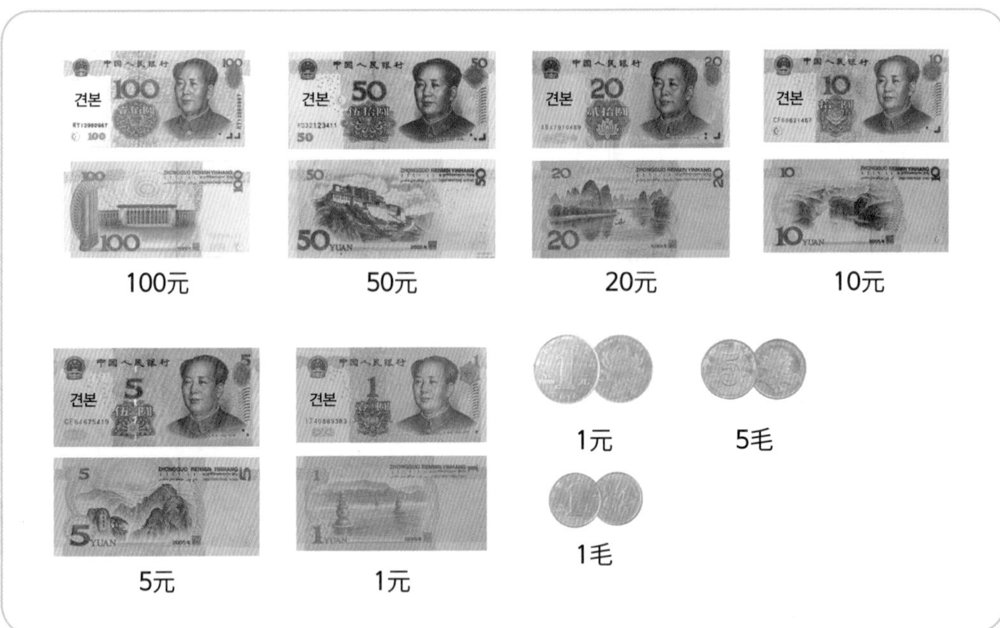

금액 표현하기

(1) '角(毛)'나 '分'이 금액의 마지막 단위일 경우에는 생략할 수 있다.

10.00元	十块 shí kuài
3.6元	三块六(毛) sān kuài liù (máo)
8.54元	八块五毛四(分) bā kuài wǔ máo sì (fēn)

(2) 숫자 중간에 '0'이 들어가면 '零(líng)'으로 읽는다.

10.08元	十块零八(分) shí kuài líng bā (fēn)
10.80元	十块八(毛) shí kuài bā (máo)

(3) 하나의 단위만 쓰일 경우, 회화에서는 일반적으로 단위 뒤에 '钱(qián)'을 붙여준다.

4.00元	四块钱 sì kuài qián
0.50元	五毛钱 wǔ máo qián

(4) 단위 앞에서 숫자 '2'가 단독으로 나오면 '两(liǎng)'으로 읽는다. 끝자리에 나오는 '2'는 '二(èr)'로 읽는다. 십의 자리는 그대로 '二(èr)'로 읽는다.

2.00元	两块 liǎng kuài
2.22元	两块两毛二 liǎng kuài liǎng máo èr
22元	二十二块 èr shí èr kuài
200元	两百块 liǎng bǎi kuài

17-04

澳大利亚 Àodàlìyà 고유 오스트레일리아 | 上学 shàngxué 동 등교하다, 학교에 가다 | 考试 kǎoshì 동 시험을 치다 명 시험 | 贵 guì 형 (값이) 비싸다 | 便宜 piányi 형 (값이) 싸다, 저렴하다 | 怎么 zěnme 대 어떻게 | 卖 mài 동 팔다 | 元 yuán 양 위안(=块 kuài) [화폐 단위] | 毛(角) máo(jiǎo) 양 마오, 지아오 [화폐 단위, 1毛(角)는 1块(元)의 10분의 1] | 分 fēn 양 펀 [화폐 단위, 1分은 1毛(角)의 10분의 1]

You Quiz?!

1 녹음을 듣고 사진과 일치하면 O, 일치하지 않으면 X를 표시하세요. 17-05

(1) 

(2) 

(3) 

(4) 

2 녹음을 듣고 내용에 알맞은 사진을 고르세요. 17-06

(1) ① 
② 
③ 

(2) ① 

② 

③ 

(3) ① 

② 
③ 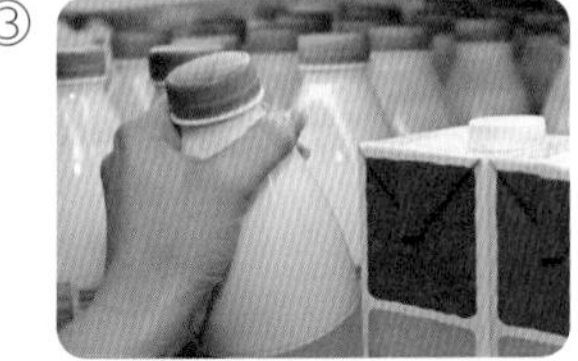

3 제시된 문장을 보고 알맞은 내용을 고르세요.

(1)

这些明星你喜欢哪个？
Zhèxiē míngxīng nǐ xǐhuan nǎ ge?

① 这些明星我都不认识。Zhèxiē míngxīng wǒ dōu bú rènshi.

② 我喜欢上网看明星。Wǒ xǐhuan shàngwǎng kàn míngxīng.

③ 这个女明星是中国人。Zhè ge nǚ míngxīng shì Zhōngguó rén.

(2)

你的手机很漂亮。多少钱？
Nǐ de shǒujī hěn piàoliang. Duōshao qián?

① 我的手机号码是142 323 230.
Wǒ de shǒujī hàomǎ shì yāo sì èr sān èr sān èr sān líng.

② 他想买一个苹果手机。Tā xiǎng mǎi yí ge píngguǒ shǒujī.

③ 我的手机4000块。Wǒ de shǒujī sì qiān kuài.

(3)

高飞买了什么样的杯子？
Gāo Fēi mǎi le shénme yàng de bēizi? *什么样 shénmeyàng 어떠한, 어떤 모양의

① 他买了很大的杯子。Tā mǎi le hěn dà de bēizi.

② 他买了小杯子。Tā mǎi le xiǎo bēizi.

③ 他买了可爱的杯子。Tā mǎi le kě'ài de bēizi.

(4)

A 林天爱喜欢吃苹果吗？
Lín Tiān'ai xǐhuan chī píngguǒ ma?

B 林天爱不太喜欢吃苹果。她喜欢吃西瓜。
Lín Tiān'ai bú tài xǐhuan chī píngguǒ. Tā xǐhuan chī xīguā.

① 林天爱很想吃苹果。Lín Tiān'ài hěn xiǎng chī píngguǒ.

② 林天爱不太喜欢吃苹果。Lín Tiān'ài bú tài xǐhuan chī píngguǒ.

③ 林天爱很喜欢吃苹果。Lín Tiān'ài hěn xǐhuan chī píngguǒ.

4 **다음 메신저 질문에 중국어로 답해 보세요.**

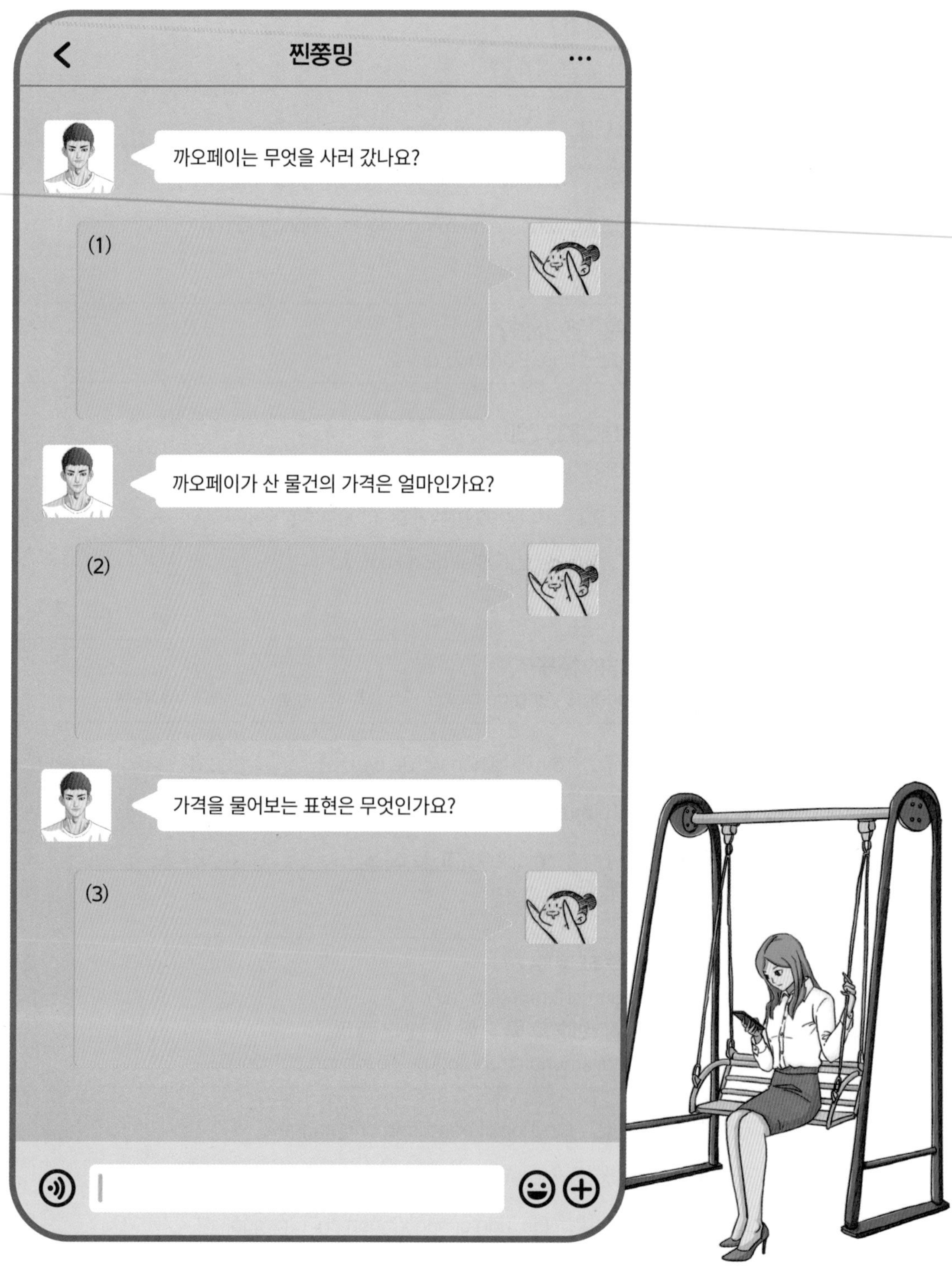

5 그림을 보고 제시된 물건의 가격을 적어 보세요.

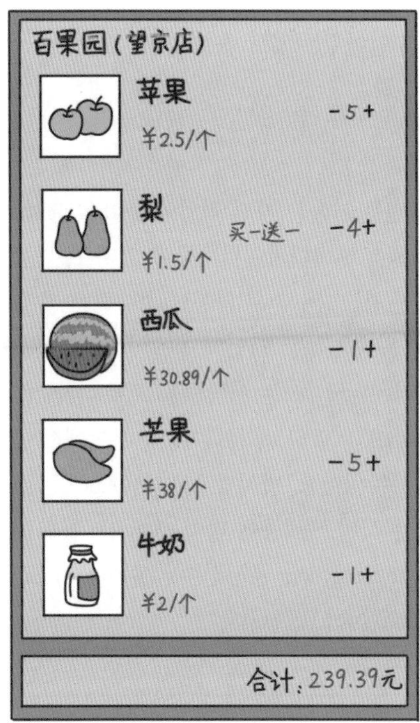

(1) 시과 5개 ______________________

(2) 배 4개 ______________________

(3) 수박 1개 ______________________

(4) 망고 5개 ______________________

(5) 우유 1개 ______________________

*买一送一 mǎi yī sòng yī 원 플러스 원(한 개를 사면 한 개를 덤으로 주다)

중알못도 중잘알

#직업중국어 #무궁무진한직업단어

우리의 주인공 까오페이의 직업은 무엇인가요? 광고 회사의 '디자이너(设计师, shèjìshī)'입니다. 중국인은 상대와 친해지기 위해 이름 다음으로 직업을 물어보는 경우가 많아요. 그래서 중국인을 만나기 전에 자신의 직업을 소개할 수 있는 중국어 표현을 미리 알아두는 것도 좋습니다.

중국어로 직업을 말할 때, 자주 쓰이는 접사로는 '……师(shī)' '……家(jiā)' '……员(yuán)' 등이 있습니다.

먼저, '师(shī)'는 '어떤 기술에 능숙한 자'를 뜻하며, 다양한 전문 기술을 가진 직업에 붙어요. '律师(lǜshī, 변호사), 工程师(gōngchéngshī, 기사), 发型师(fàxíngshī, 헤어디자이너)' 등이 있지요. 다음으로, '家(jiā)'는 '어떤 학문에 정통하거나 풍부한 경험을 가진 자' 또는 '전문 활동에 종사하는 자'를 뜻하며, 어떤 분야에서 뛰어난 성과가 있거나 사회에 영향력을 행사하는 직업에 붙습니다. '艺术家(yìshùjiā, 예술가), 画家(huàjiā, 화가)' 등이 있어요. 우리나라는 글을 쓰는 사람들을 모두 '작가(作家)'라고 칭하지만, 중국에서는 글을 쓰는 사람은 '作者(zuòzhě)'라고 하고, 문학·창작 분야에서 높은 명성이나 성과를 얻은 사람에게만 '作家(zuòjiā)'라고 부를 수 있어요. 마지막으로 '员(yuán)'은 이전부터 '나라와 사회에 봉사한 자'를 가리켰는데, 현대에서는 서비스 직종에 많이 붙어요. '服务员(fúwùyuán, 종업원), 公务员(gōngwùyuán, 공무원), 运动员(yùndòngyuán, 운동선수), 演员(yǎnyuán, 배우)' 등이 있어요. 일반 직장인도 '工作人员(gōngzuò rényuán)'이라고 합니다.

你做什么工作? Nǐ zuò shénme gōngzuò? 당신은 무슨 일을 하시나요?

我是公务员。 Wǒ shì gōngwùyuán. 저는 공무원입니다.

18화 Míngtiān shì wǒ de shēngrì.
明天是我的生日。

APP 학습

진심은 통하는 법!
드디어 같은 하늘을
바라보는 둘♥

18화 미리보기

린티엔아이는 집 앞에 놓인 까오페이의 선물을 발견하고 미소를 짓는다. 그리고 베란다에서 마주친 까오페이는 린티엔아이를 자신의 생일에 초대하는데…….

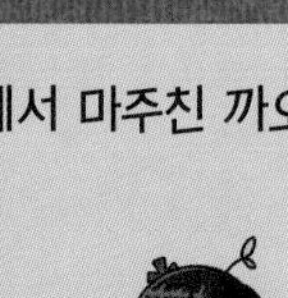

학습 포인트

날짜 표현 | 요일 표현

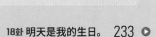

18화 明天是我的生日。 Míngtiān shì wǒ de shēngrì.

내일은 제 생일이에요.

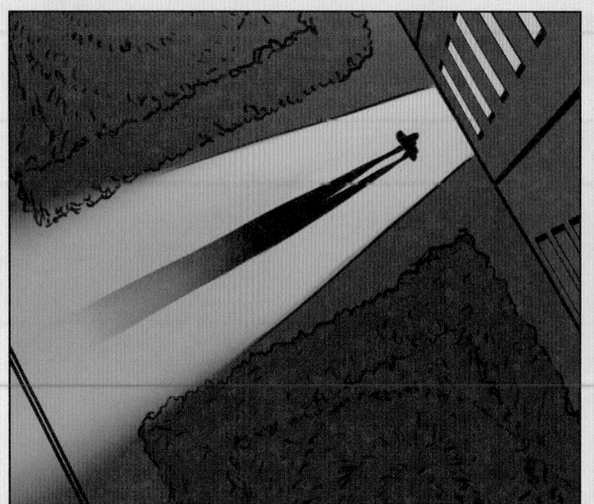

Wǎnshang hǎo, chīfàn le ma?
晚上好，吃饭了吗？
Chī le, nǐ ne?
吃了，你呢？

Wǒ yě chī le.
我也吃了。

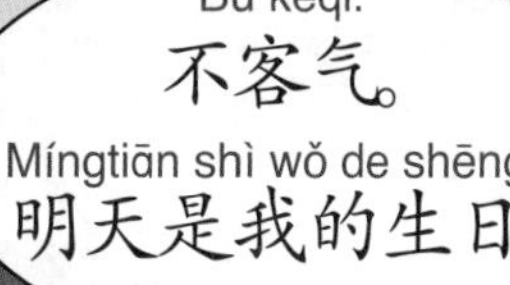
Xièxie nǐ de lǐwù,
谢谢你的礼物，
wǒ hěn xǐhuan.
我很喜欢。

Bú kèqi.
不客气。
Míngtiān shì wǒ de shēngrì.
明天是我的生日。

까오페이	안녕, 밥 먹었어요?
린티엔아이	먹었어요, 당신은요?
까오페이	나도 먹었어요.
린티엔아이	선물 고마워요. 정말 마음에 들어요.
까오페이	뭘요, 내일 제 생일이에요.

린티엔아이	정말요? 내일이 몇 월 며칠이죠?
까오페이	내일은 8월 7일이에요.
린티엔아이	내일은 무슨 요일이에요?
까오페이	내일은 금요일이에요. 내일 시간 있어요?
린티엔아이	내일 저녁에 시간 있어요.
까오페이	같이 밥 먹을래요?
린티엔아이	좋아요.

▶ 18화 SCENE

18-01

SCENE #1-2

까오페이 晚上好，吃饭了吗？
Wǎnshang hǎo, chīfàn le ma?

린티엔아이 吃了，你呢？
Chī le, nǐ ne?

까오페이 我也吃了。
Wǒ yě chī le.

린티엔아이 谢谢你的礼物，我很喜欢。
Xièxie nǐ de lǐwù, wǒ hěn xǐhuan.

까오페이 不客气。明天是我的生日。
Bú kèqi. Míngtiān shì wǒ de shēngrì.

SCENE #3

린티엔아이 真的吗？明天是几月几号？
Zhēnde ma? Míngtiān shì jǐ yuè jǐ hào?

까오페이 明天是八月七号。
Míngtiān shì bā yuè qī hào.

린티엔아이 明天星期几？
Míngtiān xīngqī jǐ?

새단어모음.zip

18-02

明天 míngtiān 명 내일
生日 shēngrì 명 생일
真的 zhēnde 부 참으로, 정말로
月 yuè 명 월, 달
号 hào 명 날짜, 일
星期 xīngqī 명 주, 요일

까오페이 明天星期五。明天你有时间吗?

Míngtiān xīngqīwǔ. Míngtiān nǐ yǒu shíjiān ma?

린티엔아이 明天晚上我有时间。

Míngtiān wǎnshang wǒ yǒu shíjiān.

까오페이 一起吃饭吧?

Yìqǐ chīfàn ba?

린티엔아이 好!

Hǎo!

星期五 xīngqīwǔ 명 금요일

어법모음.zip ● 18-03

날짜 표현

중국어로 날짜를 표현할 때, '월'은 '月(yuè)', '일'은 '号(hào)'를 써. '号(hào)' 대신 '日(rì)'를 사용하기도 해. 몇 월 며칠인지 날짜를 물어볼 때는 의문대명사 '几(jǐ)'를 써서, '几月几号(日)?'라고 하면 돼.

- **A** 你的生日是几月几号? 당신의 생일은 몇 월 며칠입니까?
  Nǐ de shēngrì shì jǐ yuè jǐ hào?

  B 我的生日是二月七号。 내 생일은 2월 7일입니다.
  Wǒ de shēngrì shì èr yuè qī hào.

一月	二月	三月	四月	五月	六月
yī yuè	èr yuè	sān yuè	sì yuè	wǔ yuè	liù yuè
1월	2월	3월	4월	5월	6월
七月	八月	九月	十月	十一月	十二月
qī yuè	bā yuè	jiǔ yuè	shí yuè	shíyī yuè	shí'èr yuè
7월	8월	9월	10월	11월	12월

✓체크체크 자신의 생일을 말해 보세요.

我的生日是________月________号。
Wǒ de shēngrì shì ________ yuè ________ hào.
내 생일은 ________월 ________일입니다.

- 国庆节是几月几号? 국경절은 몇 월 며칠인가요?
  Guóqìngjié shì jǐ yuè jǐ hào?
- 几月几号开学? 몇 월 며칠에 개학하나요?
  Jǐ yuè jǐ hào kāixué?
- 圣诞节是12月25号。 성탄절은 12월 25일입니다.
  Shèngdànjié shì shí'èr yuè èrshí wǔ hào.

요일 표현

요일을 표현할 때는 '요일'을 뜻하는 '星期(xīngqī)' 뒤에 차례로 숫자를 붙여주면 돼. 단, 일요일만 '星期' 뒤에 '天(tiān)'이나 '日(rì)'를 붙여서 '星期天' 또는 '星期日'라고 표현해. 무슨 요일인지 물어볼 때는 '星期几? (Xīngqī jǐ?)'로 물어 보자.

월요일

星期一
xīngqīyī

화요일

星期二
xīngqī'èr

수요일

星期三
xīngqīsān

목요일

星期四
xīngqīsì

금요일

星期五
xīngqīwǔ

토요일

星期六
xīngqīliù

일요일

星期天/星期日
xīngqītiān / xīngqīrì

무슨 요일

星期几
xīngqī jǐ

- 今天星期几? 오늘은 무슨 요일인가요?
  Jīntiān xīngqī jǐ?
- 星期天去长城吧。 일요일에 만리장성에 가자.
  Xīngqītiān qù Chángchéng ba.
- 今天是8月4号，星期二。 오늘은 8월 4일, 화요일입니다.
  Jīntiān shì bā yuè sì hào, xīngqī'èr.

18-04

国庆节 Guóqìngjié 고유 국경절 | 开学 kāixué 동 개학하다 | 圣诞节 Shèngdànjié 고유 성탄절, 크리스마스 | 日 rì 명 일, 날 | 星期天/星期日 xīngqītiān / xīngqīrì 명 일요일

You Quiz?!

1 녹음을 듣고 내용에 알맞은 사진을 고르세요. 18-05

(1) ① 

② 

③ 

(2) ① 

② 

③ 

2 녹음을 듣고 질문에 알맞은 답을 고르세요. 18-06

(1) ① 七月八号。Qī yuè bā hào.
② 八月七号。Bā yuè qī hào.
③ 八月八号。Bā yuè bā hào.

(2) ① 星期一 xīngqīyī
② 星期二 xīngqī'èr
③ 星期三 xīngqīsān

(3) ① 星期天 xīngqītiān
② 星期三 xīngqīsān
③ 星期六 xīngqīliù *后天 hòutiān 모레

3 다음 메신저 질문에 중국어로 답해 보세요.

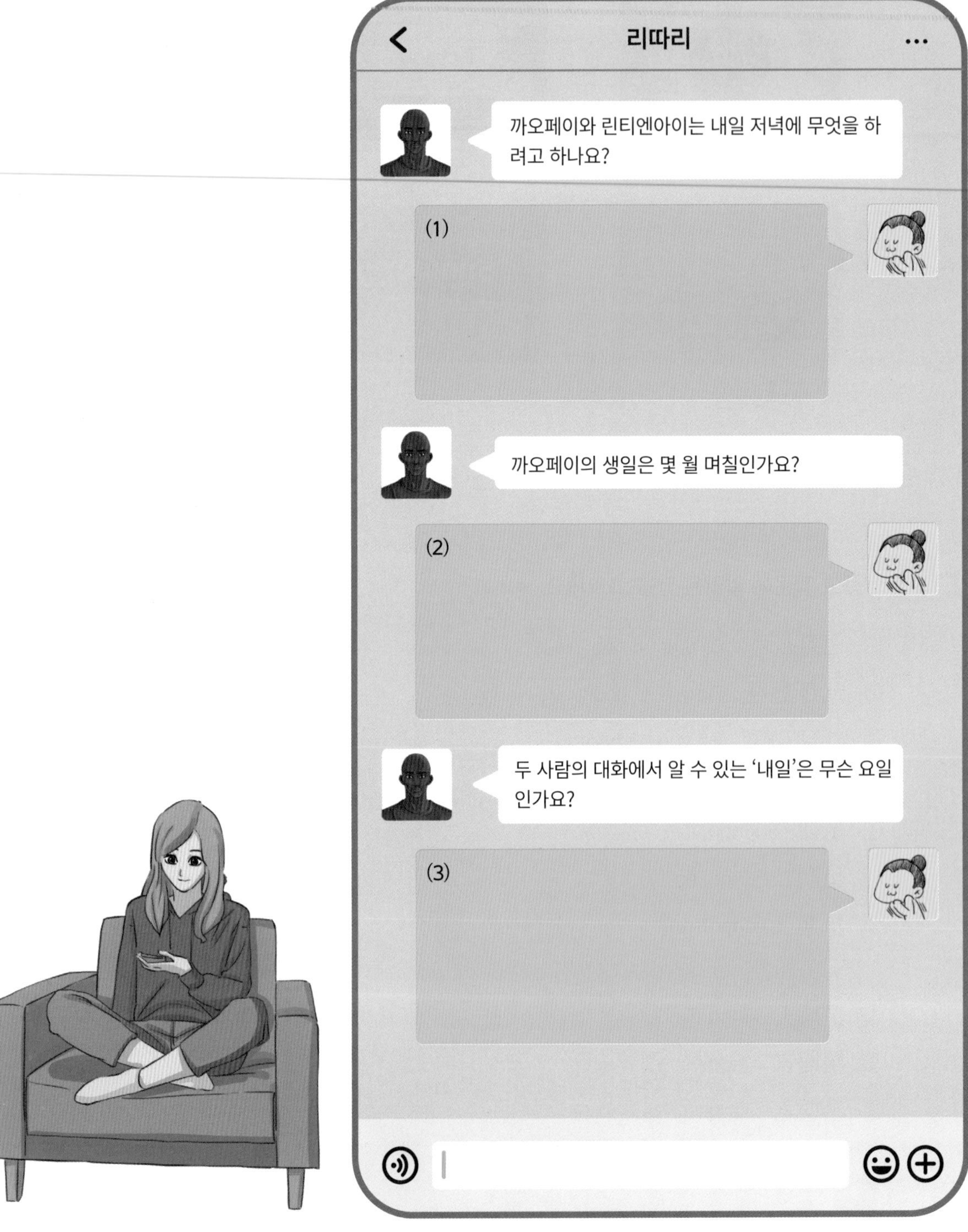

4 웹툰 속 말풍선에 들어갈 중국어를 빈칸에 쓰고, 자연스럽게 읽어 보세요.

(1)

(2)

5 달력을 보고 질문에 알맞은 답을 중국어로 적으세요. 18-07

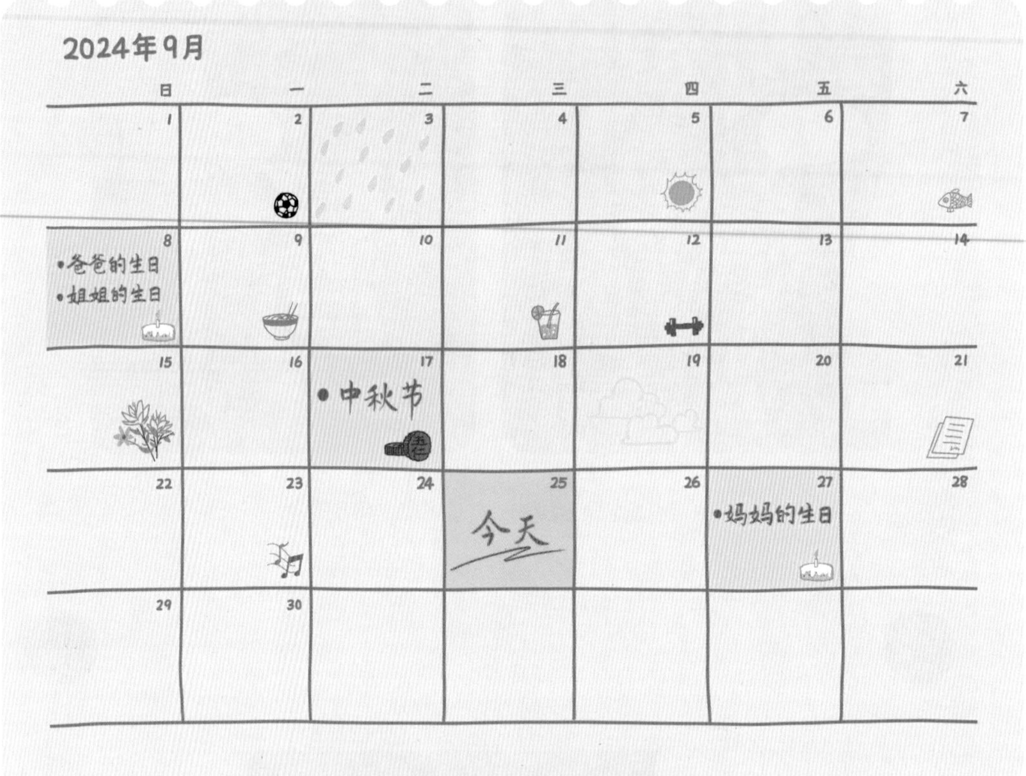

(1) 妈妈的生日是几月几日?
Māma de shēngrì shì jǐ yuè jǐ hào?

(2) 爸爸和姐姐的生日是星期几?
Bàba hé jiějie de shēngrì shì xīngqī jǐ?

(3) 今天星期几?
Jīntiān xīngqī jǐ?

(4) 昨天几月几日?
Zuótiān jǐ yuè jǐ hào?

(5) 中秋节星期几? *中秋节 Zhōngqiūjié 중치우제, 추석
Zhōngqiūjié xīngqī jǐ?

부록

정답&녹음대본

단어 색인

한어병음자모 배합표

01화

1

녹음대본

(1) 你 nǐ
(2) 早! zǎo!
(3) 您好。Nín hǎo.
(4) 早上好! Zǎoshang hǎo!

(1) 당신
(2) 안녕하세요! [아침 인사]
(3) 안녕하세요.
(4) 안녕하세요! [아침 인사]

(1) × (2) × (3) ○ (4) ○

2

녹음대본

(1) 谢谢! xièxie!
(2) 您好! Nín hǎo!

(1) 고맙습니다!
(2) 안녕하세요!

(1) ② (2) ①

3

(1) ① 你好! Nǐ hǎo!
② 您好! Nín hǎo!
(2) ① 早! Zǎo!
② 早上好! Zǎoshang hǎo!

(1) ① 안녕!
② 안녕하세요!
(2) ① 굿모닝!
② 좋은 아침!

4

(1) 你好! Nǐ hǎo!
(2) 您好! Nín hǎo!
(3) (你)早! (Nǐ) zǎo! | 早上好! Zǎoshang hǎo!

(1) 안녕하세요!
(2) 안녕하세요!
(3) 좋은 아침! | 좋은 아침입니다!

5

(1) 그녀에게 호감이 있다
(2) 어른에게 존중이나 높임의 느낌을 전하려고
(3) 谢谢! xièxie! 고맙습니다!

02화

1

녹음대본

(1) 没关系。Méi guānxi.
(2) 不客气。Bú kèqi.

(1) 괜찮습니다.
(2) 천만에요.

(1) × (2) ×

2

녹음대본

(1) 对不起。Duìbuqǐ. (1) 죄송합니다.
(2) 再见！Zàijiàn! (2) 또 봐요!
(3) 我叫高飞。Wǒ jiào Gāo Fēi. (3) 내 이름은 까오페이입니다.

(1) ① (2) ③ (3) ①

3

(1) A 对不起，对不起……
Duìbuqǐ, duìbuqǐ……
B 没关系。Méi guānxi.

(1) A 죄송합니다, 죄송합니다.
B 괜찮습니다.

(2) A 谢谢。Xièxie.
B 不客气。Bú kèqi.

(2) A 고맙습니다.
B 천만에요.

(3) A 你好，我叫林天爱。
Nǐ hǎo, wǒ jiào Lín Tiān'ài.
B 你好，我叫高飞。
Nǐ hǎo, wǒ jiào Gāo Fēi.

(3) A 안녕하세요. 제 이름은 린티엔아이입니다.
B 안녕하세요. 제 이름은 까오페이입니다.

(4) A 再见！Zàijiàn!
B 再见！Zàijiàn!

(4) A 안녕히 가세요!
B 안녕히 가세요!

4 (1) Hánguó rén (2) qù xuéxiào

5

(1) 对不起。Duìbuqǐ. (1) 미안합니다.
(2) 没关系。Méi guānxi. (2) 괜찮습니다.
(3) 再见！Zàijiàn! (3) 안녕히 가세요!

6 (1) 林天爱 Lín Tiān'ài 린티엔아이 (2) 我王豆豆。Wǒ Wáng Dòudòu. (×)
(3) 不客气。Bú kèqi. 천만에요.

03화

1

녹음대본

(1) 公司 gōngsī (1) 회사
(2) 一起去 yìqǐ qù (2) 같이 가다

(1) ○ (2) ×

2

녹음대본

(1) 我去公司。Wǒ qù gōngsī.	(1) 나는 회사에 간다.
(2) 你叫什么名字? Nǐ jiào shénme míngzi?	(2) 당신의 이름은 무엇입니까?
(3) 你好，我叫高小京。 Nǐ hǎo, wǒ jiào Gāo Xiǎojīng.	(3) 안녕하세요. 제 이름은 까오샤오징입니다.

(1) ① (2) ② (3) ③

3

(1) 你去食堂吗? Nǐ qù shítáng ma? 你去超市吗? Nǐ qù chāoshì ma? 你去学校吗? Nǐ qù xuéxiào ma?	(1) 당신은 식당에 가나요? 당신은 슈퍼마켓에 가나요? 당신은 학교에 가나요?
(2) 一起去食堂吧! Yìqǐ qù shítáng ba! 一起去超市吧! Yìqǐ qù chāoshì ba! 一起去学校吧! Yìqǐ qù xuéxiào ba!	(2) 같이 식당에 갑시다! 같이 슈퍼마켓에 갑시다! 같이 학교에 갑시다!

4

(1) 你叫什么名字? Nǐ jiào shénme míngzi?

(2) 他去图书馆吗? Tā qù túshūguǎn ma?

(3) 我们一起去学校吧! Wǒmen yìqǐ qù xuéxiào ba!

5

(1) 苹果 píngguǒ	(1) 핑궈(사과)
(2) 公司 gōngsī	(2) 회사
(3) 对 duì	(3) 맞다

6

(1) A 你去哪儿? 你去公司吗? Nǐ qù nǎr? Nǐ qù gōngsī ma? B 我去公司。Wǒ qù gōngsī.	(1) A 어디 가요? 회사에 가요? B 저는 회사에 가요.
(2) A 你叫什么名字? Nǐ jiào shénme míngzi? B 我叫王豆豆。Wǒ jiào Wáng Dòudou.	(2) A 이름이 뭐예요? B 저는 왕또우또우입니다.
(3) A 他是谁? Tā shì shéi? B 他是高飞。Tā shì Gāo Fēi.	(3) A 그는 누구에요? B 그는 까오페이입니다.

04화

1

녹음대본	
(1) 北京 Běijīng	(1) 베이징
(2) 上海 Shànghǎi	(2) 상하이

(1) O　　(2) ×

2

녹음대본	
(1) 我是老师。Wǒ shì lǎoshī.	(1) 나는 선생님입니다.
(2) 姐姐是设计师。Jiějie shì shèjìshī.	(2) 누나(언니)는 디자이너입니다.
(3) 妈妈不是医生。Māma bú shì yīshēng.	(3) 엄마는 의사가 아닙니다.

(1) ②　　(2) ①　　(3) ②

3 (1) 他叫高飞，他是北京人。Tā jiào Gāo Fēi, tā shì Běijīng rén.

(2) 我不是老师，我是学生。Wǒ bú shì lǎoshī, wǒ shì xuésheng.

4 (1) 哥哥<u>不是</u>设计师，他<u>是</u>医生。Gēge <u>bú shì</u> shèjìshī, tā <u>shì</u> yīshēng.

(2) 我<u>不去</u>公司，我<u>去</u>医院。Wǒ <u>bú qù</u> gōngsī, wǒ <u>qù</u> yīyuàn.

(3) 老师<u>不买</u>苹果，她<u>买</u>西瓜。Lǎoshī <u>bù mǎi</u> píngguǒ, tā <u>mǎi</u> xīguā.

5

(1) 不客气。Bú kèqi.	(1) 별말씀을요.
(2) 老师 lǎoshī	(2) 선생님
(3) 上海 Shànghǎi	(3) 상하이

6 (1) 上海人 Shànghǎi rén 상하이 사람

(2) 医生 yīshēng 의사

(3) 设计师 shèjìshī 디자이너

05화

1

녹음대본

(1) 这是我的邻居。Zhè shì wǒ de línjū.
(2) 这是我的朋友。Zhè shì wǒ de péngyou.
(3) 这是我的车。Zhè shì wǒ de chē.
(4) 她好漂亮！Tā hǎo piàoliang!

(1) 이 사람은 내 이웃입니다.
(2) 이 사람은 내 친구입니다.
(3) 이것은 내 차입니다.
(4) 그녀는 아주 예뻐요!

(1) O (2) O (3) × (4) ×

2

녹음대본

(1) A 这是你的朋友吗？
Zhè shì nǐ de péngyou ma?
B 不是，这是我的老师。
Bú shì, zhè shì wǒ de lǎoshī.
(2) 他是医生，我也是医生。
Tā shì yīshēng, wǒ yě shì yīshēng.

(1) A 이 사람은 네 친구니?
B 아니, 이 분은 나의 선생님이야.
(2) 그는 의사이고, 나도 의사입니다.

(1) ② (2) ①

3

(1) 他是我的学生。Tā shì wǒ de xuésheng.
(2) 他是我的邻居，叫高飞。Tā shì wǒ de línjū, jiào Gāo Fēi.
(3) 这是老师的车吗？Zhè shì lǎoshī de chē ma?

4

(1) 他的小狗非常可爱。
Tā de xiǎo gǒu fēicháng kě'ài.
(2) 妈妈的工作很忙。
Māma de gōngzuò hěn máng.
(3) A 我去图书馆，你呢？
Wǒ qù túshūguǎn, nǐ ne?
B 我也去图书馆。Wǒ yě qù túshūguǎn.

(1) 그의 강아지는 매우 귀엽다.
(2) 엄마의 일은 매우 바쁘다.
(3) A 나는 도서관에 가요. 당신은요?
B 나도 도서관에 가요.

5

(1) ① 这是你的朋友吗？
Zhè shì nǐ de péngyou ma?
② 这是我的邻居。Zhè shì wǒ de línjū.
(2) ① 这是你的车吗？Zhè shì nǐ de chē ma?
② 对。Duì.

(1) ① 이 분은 네 친구시니?
② 이 분은 내 이웃이야.
(2) ① 이건 당신의 차인가요?
② 맞아요.

6

(1) 邻居 línjū ｜ 他们是邻居。Tāmen shì línjū.	(1) 이웃 ｜ 그들은 이웃이다.
(2) 你好，你很漂亮。 Nǐ hǎo, nǐ hěn piàoliang.	(2) 안녕하세요. 정말 예쁘시네요.
(3) 谢谢。Xièxie.	(3) 고맙습니다.

06화

1

녹음대본

(1) 我是韩国人。Wǒ shì Hánguó rén.	(1) 나는 한국인입니다.
(2) 我们都是美国人。 Wǒmen dōu shì Měiguó rén.	(2) 우리는 모두 미국인입니다.
(3) 同学们好。Tóngxuémen hǎo.	(3) 학생 여러분, 안녕하세요.
(4) 我们都是老师。 Wǒmen dōu shì lǎoshī.	(4) 우리는 모두 선생님입니다.

(1) ○　(2) ○　(3) ×　(4) ×

2

녹음대본

(1) A 很高兴认识你。Hěn gāoxìng rènshi nǐ. B 认识你，我也很高兴。 Rènshi nǐ, wǒ yě hěn gāoxìng.	(1) A 만나서 반갑습니다. B 당신을 알게 되어 저도 기쁩니다.
(2) A 你是哪国人？Nǐ shì nǎ guó rén? B 我是加拿大人。Wǒ shì Jiānádà rén.	(2) A 어느 나라 사람이에요? B 저는 캐나다 사람입니다.

(1) ②　(2) ③

3 (1) 你是哪国人？Nǐ shì nǎ guó rén?

(2) 我的邻居都是泰国人。Wǒ de línjū dōu shì Tàiguó rén.

(3) 认识你，我也很高兴。Rènshi nǐ, wǒ yě hěn gāoxìng.

4 (1) ③　(2) ①

5 (1) 林天爱是高飞<u>的</u>邻居，她不<u>认识</u>高飞的同事。
Lín Tiān'ài shì Gāo Fēi <u>de</u> línjū, tā bú <u>rènshi</u> Gāo Fēi de tóngshì.

(2) 高飞的同事很<u>高兴</u>认识林天爱。Gāo Fēi de tóngshì hěn <u>gāoxìng</u> rènshi Lín Tiān'ài.

(3) 林天爱很漂亮，她的车也<u>好</u>漂亮。Lín Tiān'ài hěn piàoliang, tā de chē yě <u>hǎo</u> piàoliang.

6

(1) 美国人 Měiguó rén | 他是美国人。Tā shì Měiguó rén.	(1) 미국인 | 그는 미국인이다.
(2) 同事 tóngshì	(2) 동료
(3) 韩国人 Hánguó rén	(3) 한국인

7

(1) A 她是韩国人，你是哪国人？ Tā shì Hánguó rén, nǐ shì nǎ guó rén? B 我是中国人。 Wǒ shì Zhōngguó rén.	(1) A 그녀는 한국인이에요. 당신은 어느 나라 사람인가요? B 저는 중국인이에요.
(2) 同学们很高兴，老师也很高兴，我们都很高兴。 Tóngxuémen hěn gāoxìng, lǎoshī yě hěn gāoxìng, wǒmen dōu hěn gāoxìng.	(2) 친구들은 기쁩니다. 선생님도 기쁩니다. 우리는 모두 기쁩니다.

07화

✓ 체크체크

① 我有苹果。Wǒ yǒu píngguǒ.

② 姐姐没有自行车。Jiějie méiyǒu zìxíngchē.

③ 他有手机吗？Tā yǒu shǒujī ma?

1

녹음대본

(1) 我有牛奶。Wǒ yǒu niúnǎi.	(1) 나는 우유가 있다.
(2) 这是我的小狗。Zhè shì wǒ de xiǎo gǒu.	(2) 이것은 내 강아지이다.
(3) 这是饼干。Zhè shì bǐnggān.	(3) 이것은 과자이다.
(4) 我没有宠物。Wǒ méiyǒu chǒngwù.	(4) 나는 애완동물이 없다.

(1) × (2) × (3) ○ (4) ×

2

녹음대본

(1) 请进。Qǐng jìn.	(1) 어서 오세요.
(2) 我的小狗好可爱。 Wǒ de xiǎo gǒu hǎo kě'ài.	(2) 내 강아지는 매우 귀여워요.
(3) 他没有苹果。Tā méiyǒu píngguǒ.	(3) 그는 사과가 없어요.
(4) 我们都有小狗。 Wǒmen dōu yǒu xiǎo gǒu.	(4) 우리는 모두 강아지가 있어요.

(1) ③ (2) ② (3) ③ (4) ①

3 (1) 我也有哥哥。Wǒ yě yǒu gēge.

(2) 朋友们都没有车。Péngyǒumen dōu méiyǒu chē.

(3) 我们都没有宠物。Wǒmen dōu méiyǒu chǒngwù.

4

(1) 牛奶 niúnǎi	(1) 우유
(2) 有 yǒu | 高飞家里有牛奶。 Gāo fēi jiā li yǒu niúnǎi.	(2) 있다 | 까오페이 집에 우유가 있었다.
(3) 小狗 xiǎo gǒu	(3) 강아지

5 (1) 빌릴 물건이 있어서

(2) 它叫饼干。Tā jiào Bǐnggān. 그 강아지의 이름은 빙깐이다.

(3) 她没有宠物 。Tā méiyǒu chǒngwù. 그녀는 애완동물이 없다.

08화

1

녹음대본	
(1) 我在家。Wǒ zài jiā.	(1) 나는 집에 있어요.
(2) 太疼了！Tài téng le!	(2) 너무 아파요!
(3) 她在医院。Tā zài yīyuàn.	(3) 그녀는 병원에 있다.
(4) 桌子上有一个电脑。 Zhuōzi shang yǒu yí ge diànnǎo.	(4) 책상 위에 컴퓨터가 한 대 있다.

(1) × (2) O (3) × (4) O

2

녹음대본	
(1) 桌子上有一本书。 Zhuōzi shang yǒu yì běn shū.	(1) 책상 위에 책이 한 권 있다.
(2) 妈妈在家。Māma zài jiā.	(2) 엄마는 집에 계신다.

(1) ② (2) ①

3

(1) 文件 wénjiàn	(1) 서류
(2) 家 jiā | 他在家里。Tā zài jiā li.	(2) 집 | 그는 집에 있었다.
(3) 太疼了！Tài téng le!	(3) 너무 아파!

4 (1) 你看一下(儿)，这是什么？ Nǐ kàn yíxià(r), zhè shì shénme?

(2) 桌子上有一个苹果。Zhuōzi shang yǒu yí ge píngguǒ.

5

(1) 我的妹妹现在在北京。 Wǒ de mèimei xiànzài zài Běijīng.	(1) 내 여동생은 지금 베이징에 있다.
(2) 风景太漂亮了。Fēngjǐng tài piàoliang le.	(2) 풍경이 너무 아름다워요.
(3) 桌子上有牛奶，没有饼干。 Zhuōzi shang yǒu niúnǎi, méiyǒu bǐnggān.	(3) 테이블 위에 우유가 있고, 과자는 없다.
(4) 请等一下，高先生现在不在公司。 Qǐng děng yíxià, Gāo xiānsheng xiànzài búzài gōngsī.	(4) 잠깐만 기다리세요. 까오 선생님은 지금 회사에 안 계십니다.

6 (1) 회사에 침입해 서류를 훔쳐간 사람이 있다

(2) 文件 wénjiàn 서류

(3) 你在家吗？ Nǐ zài jiā ma? 집에 있어요?

09화

✓ 체크체크

❶ 妹妹坐车去医院。Mèimei zuò chē qù yīyuàn.

❷ 哥哥去超市买饼干。Gēge qù chāoshì mǎi bǐnggān.

✓ 체크체크

❶ 爸爸在上网。Bàba zài shàngwǎng. 아빠는 인터넷을 하고 계신다.

❷ 妈妈在看书。Māma zài kàn shū. 엄마는 책을 보고 계신다.

❸ 姐姐在听歌。Jiějie zài tīng gē. 누나는 노래를 듣고 있다.

❹ 小狗在吃饭呢。Xiǎo gǒu zài chī fàn ne. 강아지는 밥을 먹고 있다.

1 

(1) 他们在工作。Tāmen zài gōngzuò.	(1) 그들은 일하고 있다.
(2) 那个学生在玩儿。 Nà ge xuésheng zài wánr.	(2) 그 학생은 놀고 있다.
(3) 我妹妹在听歌呢。 Wǒ mèimei zài tīng gē ne.	(3) 내 여동생은 노래를 듣고 있다.

⑷ 他们在上网。Tāmen zài shàngwǎng.	⑷ 그들은 인터넷을 하고 있다.
⑸ 她在找一本书。 Tā zài zhǎo yì běn shū.	⑸ 그녀는 책 한 권을 찾고 있다.
⑹ 教室里有五个学生。 Jiàoshì li yǒu wǔ ge xuésheng.	⑹ 교실에 다섯 명의 학생이 있다.

(1) O　(2) ×　(3) O　(4) ×

(5) O　(6) ×

2 (1) ①　(2) ①

3

⑴ 一张桌子 yì zhāng zhuōzi	⑴ 책상 한 개
⑵ 两只小狗 liǎng zhī xiǎo gǒu	⑵ 강아지 두 마리
⑶ 三件衣服 sān jiàn yīfu	⑶ 옷 세 벌

4

⑴ ① 高飞有事吗? Gāo Fēi yǒu shì ma? ② 你在做什么? Nǐ zài zuò shénme?	⑴ ① 까오페이, 무슨 일 있어요? ② 뭐 하고 있었어요?
⑵ 文件……文件不在桌子里。Wénjiàn…… wénjiàn bú zài zhuōzi li.	⑵ 서류…… 서류가 책상 안에 없어.

5

⑴ 我在上网呢。Wǒ zài shàngwǎng ne.	⑴ 나는 인터넷을 하고 있었어요.
⑵ 一本书 yì běn shū | 我在找一本书。Wǒ zài zhǎo yì běn shū.	⑵ 책 한 권 | 나는 책 한 권을 찾고 있어요.
⑶ 听歌 tīng gē | 他在听歌。Tā zài tīng gē.	⑶ 노래를 듣다 | 그는 노래를 듣고 있다.

6 ⑴ 자신의 신분을 알리고 싶지 않아서

⑵ 文件 wénjiàn 서류

⑶ 你在做什么? Nǐ zài zuò shénme? 뭐 하고 있어요?

10화

1

녹음대본	
(1) 她是我喜欢的歌手。 Tā shì wǒ xǐhuan de gēshǒu.	(1) 그녀는 내가 좋아하는 가수이다.
(2) 我们都是他的粉丝。 Wǒmen dōu shì tā de fěnsī.	(2) 우리는 모두 그의 팬이다.

(1) O (2) O

2

녹음대본	
(1) 牛奶太多了！ Niúnǎi tài duō le!	(1) 우유가 매우 많아요!
(2) 你的小狗太可爱了。 Nǐ de xiǎo gǒu tài kě'ài le.	(2) 당신의 강아지가 너무 귀여워요.
(3) A 他(她)是中国人吗? Tā shì Zhōngguó rén ma? B 不是，他(她)是美国人。 Bú shì, tā shì Měiguó rén.	(3) A 그 사람은 중국인인가요? B 아니오, 그 사람은 미국인이에요.

(1) ③ (2) ① (3) ③

3 (1) ② (2) ①

4 (1) 她在中国有很多粉丝。Tā zài Zhōngguó yǒu hěn duō fěnsī.

(2) 请问，您找谁? Qǐng wèn, nín zhǎo shéi?

5

(1) 四个字 sì ge zì	(1) 네 글자
(2) 演员 yǎnyuán	(2) 배우
(3) 中国的明星你都认识，太厉害了。 Zhōngguó de míngxīng nǐ dōu rènshi, tài lìhai le	(3) 중국의 연예인을 다 알다니, 진짜 대단하다.

6

A 早！你去哪儿? Zǎo! nǐ qù nǎr?	A 좋은 아침! 어디 가세요?
B 我去朋友家看电影，你呢? Wǒ qù péngyou jiā kàn diànyǐng, nǐ ne?	B 친구 집에 가서 영화 보려고요. 당신은요?

A 我去超市买可乐。
Wǒ qù chāoshì mǎi kě'lè.
你们看什么电影?
nǐmen kàn shénme diànyǐng?
B 我们看《宠爱》。
Wǒmen kàn《Chǒng'ài》.
A 去哪个朋友的家?
Qù nǎ ge péngyou de jiā?
B 我去李大力的家。你认识他吗?
Wǒ qù Lǐ Dàlì de jiā. nǐ rènshi tā ma?
A 我不认识。他是谁?
Wǒ bú rènshi. tā shì shéi?
B 他是我们公司的同事。
Tā shì wǒmen gōngsī de tóngshì.

A 저는 콜라 사러 슈퍼마켓에 가요. 어떤 영화 보는데요?
B 「총애」 봐요.
A 어느 친구네 집에 가요?
B 리따리의 집에 가요. 그를 아시나요?
A 몰라요. 누구예요?
B 우리 회사 동료예요.

11화

체크체크

① 姐姐买车了。我没买车。Jiějie mǎi chē le. Wǒ méi mǎi chē.
② 老师来教室了。学生们没来教室。Lǎoshī lái jiàoshì le. Xuéshengmen méi lái jiàoshì.

1

(1) 他去吃饭了。Tā qù chīfàn le.
(2) 桌子上有两杯茶。
Zhuōzi shang yǒu liǎng bēi chá.
(3) 我姐姐去超市了。
Wǒ jiějie qù chāoshì le.
(4) 桌子上没有咖啡了。
Zhuōzi shang méiyǒu kāfēi le.

(1) 그는 밥 먹으러 갔다.
(2) 테이블 위에 차 두 잔이 있다.
(3) 누나(언니)는 슈퍼마켓에 갔다.
(4) 테이블 위에 커피가 없다.

(1) × (2) × (3) ○ (4) ×

2

(1) 我喜欢小狗。Wǒ xǐhuan xiǎo gǒu.
(2) 我不喜欢喝牛奶。
Wǒ bù xǐhuan hē niúnǎi.
(3) 我们不是朋友了。
Wǒmen bú shì péngyou le.

(1) 나는 강아지를 좋아한다.
(2) 나는 우유 마시는 것을 싫어한다.
(3) 우리는 이제 친구가 아니야.

(4) 这儿有可乐吗？Zhèr yǒu kělè ma?	(4) 여기 콜라 있나요?

(1) ① (2) ② (3) ③ (4) ②

3 (1) ③ (2) ③

4

(1) 她去吃饭了。Tā qù chīfàn le.	(1) 그녀는 밥을 먹으러 갔다.
(2) 她喜欢茶。Tā xǐhuan chá.	(2) 그녀는 차를 좋아한다.
(3) 他喜欢可乐。Tā xǐhuan kělè.	(3) 그는 콜라를 좋아한다.

5
A 까오페이! 우리 같이 카페에 가요!
B 전 안 갈래요. 회사에 커피 있어요.
A 회사에 커피 떨어졌어요.
B 찐쭝밍은요? 두 분이 같이 가세요.
A 그는 없어요. 식사하러 갔어요.
B 네. 그럼 같이 가요.

12화

1 녹음대본

(1) 老板！来四杯果汁。 Lǎobǎn! Lái sì bēi guǒzhī.	(1) 사장님! 과일주스 네 잔 주세요.
(2) 喝杯咖啡吧！Hē bēi kāfēi ba!	(2) 커피 드세요!
(3) A 她在做什么？Tā zài zuò shénme? B 她在喝茶。Tā zài hē chá.	(3) A 그녀는 무엇을 하나요? B 그녀는 차를 마셔요.
(4) 公司里有很多咖啡杯。 Gōngsī li yǒu hěn duō kāfēi bēi.	(4) 회사에 커피 컵이 많이 있다.

(1) ○ (2) × (3) × (4) ○

2 녹음대본

(1) 我喜欢你。Wǒ xǐhuan nǐ.	(1) 나는 당신을 좋아해요.
(2) A 您好，您喝什么？ Nín hǎo, nín hē shénme? B 来杯咖啡吧。Lái bēi kāfēi ba.	(2) A 안녕하세요. 뭐 드시겠어요? B 커피 한 잔 주세요.

(3) A 你喜欢喝什么? Nǐ xǐhuan hē shénme? B 我喜欢喝牛奶。Wǒ xǐhuan hē niúnǎi.	(3) A 당신은 무엇을 즐겨 마셔요? B 나는 우유를 즐겨 마셔요.

(1) ③ (2) ② (3) ①

3 녹음대본

(1) A 她有男朋友吗? Tā yǒu nán péngyou ma? B 有。她是高飞的女朋友。 Yǒu. Tā shì Gāo Fēi de nǚ péngyou.	(1) A 그녀는 남자 친구가 있나요? B 있어요. 그녀는 까오페이의 여자 친구예요.
(2) A 你喜欢喝什么? Nǐ xǐhuan hē shénme? B 我喜欢喝咖啡。你呢? Wǒ xǐhuan hē kāfēi. Nǐ ne? A 我也喜欢喝咖啡。 Wǒ yě xǐhuan hē kāfēi.	(2) A 당신은 무엇을 즐겨 마셔요? B 나는 커피를 즐겨 마셔요. A 나도 커피를 즐겨 마셔요.

(1) ③ (2) ②

4 (1) 我喜欢打乒乓球。Wǒ xǐhuan dǎ pīngpāngqiú.

(2) 太甜了，我不喜欢。Tài tián le, wǒ bù xǐhuan.

(3) 服务员，来一碗米饭。Fúwùyuán, lái yì wǎn mǐfàn.

(4) 老板！来两杯柠檬汁。Lǎobǎn! Lái liǎng bēi níngméng zhī.

5

(1) 太甜了。Tài tián le.	(1) 너무 달아서.
(2) 我喜欢你。Wǒ xǐhuan nǐ.	(2) 나는 당신을 좋아해요.
(3) 她叫林天爱，是我邻居。 Tā jiào Lín Tiān'ài, shì wǒ línjū.	(3) 그녀의 이름은 린티엔아이이고, 내 이웃이에요.
(4) 没有。Méiyǒu. | 高飞没有女朋友。 Gāo Fēi méiyǒu nǚ péngyou.	(4) 없다 | 까오페이는 여자 친구가 없다.

13화

1

녹음대본

(1) 我们都是大学生。
Wǒmen dōu shì dàxuéshēng.

(1) 우리는 모두 대학생이다.

(2) 奶奶去医院了。Nǎinai qù yīyuàn le.

(2) 할머니는 병원에 가셨다.

(3) 昨天我们都去超市了。
Zuótiān wǒmen dōu qù chāoshì le.

(3) 어제 우리는 슈퍼마켓에 갔다.

(4) 他们是我的同学。
Tāmen shì wǒ de tóngxué.

(4) 그들은 나의 학교 친구이다.

(1) × (2) O (3) × (4) ×

2

녹음대본

(1) 晚上一起吃饭吧!
Wǎnshang yìqǐ chīfàn ba!

(1) 저녁에 같이 밥 먹자!

(2) A 中午你去哪儿了?
Zhōngwǔ nǐ qù nǎr le?
B 中午我去医院了。
Zhōngwǔ wǒ qù yīyuàn le.

(2) A 점심에 어디 갔었어요?
B 점심에 병원에 갔었어요.

(3) A 他是谁? Tā shì shéi?
B 他是我的大学同学。
Tā shì wǒ de dàxué tóngxué.

(3) A 그는 누구인가요?
B 그는 제 대학 동창이에요.

(4) A 请问，你找谁?
Qǐng wèn, nǐ zhǎo shéi?
B 您好，我找王医生。
Nín hǎo, wǒ zhǎo Wáng yīshēng.

(4) A 실례지만 누구를 찾으세요?
B 안녕하세요. 저는 왕 의사 선생님을 찾습니다.

(1) ② (2) ③ (3) ① (4) ①

3

녹음대본

(1) A 那个人是谁? Nà ge rén shì shéi?
B 那个人是我的汉语老师。
Nà ge rén shì wǒ de Hànyǔ lǎoshī.

(1) A 그는 누구예요?
B 그는 저의 중국어 선생님이에요.

(2) A 你去哪儿? 去超市吗?
Nǐ qù nǎr? Qù chāoshì ma?
B 我不去超市，我去公司。
Wǒ bú qù chāoshì, wǒ qù gōngsī.

(2) A 어디 가세요? 슈퍼마켓에 가나요?
B 저 슈퍼마켓에 안 가요. 회사에 가요.

(3) A 你看见他了吗? Nǐ kànjiàn tā le ma?
B 我没看见。Wǒ méi kànjiàn.

(3) A 당신은 그를 봤어요?
B 저는 못 봤어요.

(1) ① (2) ② (3) ②

4

(1) 医院 yīyuàn | 她去医院。Tā qù yīyuàn.	(1) 병원 | 그녀는 병원에 간다.
(2) 超市 chāoshì | 昨天她去超市了。Zuótiān tā qù chāoshì le.	(2) 슈퍼마켓 | 어제 그녀는 병원에 갔었다.
(3) 中午一起吃饭吧。Zhōngwǔ yìqǐ chīfàn ba.	(3) 점심 같이 먹어요.
(4) 她去大学同学家。Tā qù dàxué tóngxué jiā.	(4) 그녀는 대학 동창의 집에 간다.

5

(1) A 你今天晚上有时间吗？
Nǐ jīntiān wǎnshang yǒu shíjiān ma?
我们一起吃饭吧。
Wǒmen yìqǐ chīfàn ba.
B 对不起，晚上我没有时间。
Duìbuqǐ, wǎnshang wǒ méiyǒu shíjiān.
A 那明天晚上呢？
Nà míngtiān wǎnshang ne?
B 明天晚上有时间。
Míngtiān wǎnshang yǒu shíjiān.
我们吃什么菜？
Wǒmen chī shénnme cài?
A 吃北京烤鸭吧，去饭店吃。
Chī Běijīng kǎoyā ba, qù fàndiàn chī.
B 好！ Hǎo!

(1) A 오늘 저녁에 시간 있어요? 우리 같이 밥 먹어요.
B 미안해요. 저녁에 시간이 없어요.
A 그럼 내일 저녁은요?
B 내일 저녁에는 시간 있어요. 우리 무슨 요리 먹을까요?
A 베이징 오리구이 먹어요. 식당에 가서 먹어요.
B 좋아요!

(2) A 那个人是谁？ Nà ge rén shì shéi?
B 那个人是我同事。
nà ge rén shì wǒ tóngshì.
A 他是哪国人？ Tā shì nǎ guó rén?
B 他是美国人。Tā shì Měiguó rén.

(2) A 저 사람은 누구예요?
B 저 사람은 제 동료예요.
A 그는 어느 나라 사람이에요?
B 그는 미국인이에요.

14화

1

(1) 这是她的女儿。Zhè shì tā de nǚ'ér.	(1) 이 아이는 그녀의 딸이다.
(2) 我喜欢吃水果。Wǒ xǐhuan chī shuǐguǒ.	(2) 나는 과일을 즐겨 먹는다.

(1) × (2) O

2 녹음대본

(1) A 你女儿几岁了？Nǐ nǚ'ér jǐ suì le? B 她一岁了。Tā yí suì le.	(1) A 당신의 딸은 몇 살이에요? B 한 살이에요.
(2) A 你喜欢吃什么？ Nǐ xǐhuan chī shénme? B 我喜欢吃糖，糖很甜。 Wǒ xǐhuan chī táng, táng hěn tián.	(2) A 당신은 무엇을 즐겨 먹나요? B 저는 사탕을 즐겨 먹어요. 사탕은 아주 달아요.
(3) 小朋友，你几岁了？ Xiǎopéngyou, nǐ jǐ suì le?	(3) 꼬마야, 너 몇 살이니?

(1) ② (2) ① (3) ①

3 (1) ① (2) ③

4 (1) 少喝咖啡，多喝牛奶。Shǎo hē kāfēi, duō hē niúnǎi.

(2) 我同事的女儿三岁了。Wǒ tóngshì de nǚ'ér sān suì le.

5

(1) 她三岁了。Tā sān suì le.	(1) 그녀는 세 살이다.
(2) 她很喜欢吃糖。Tā hěn xǐhuan chī táng.	(2) 그녀는 사탕을 좋아한다.
(3) 水果 shuǐguǒ | 多吃水果 duō chī shuǐguǒ	(3) 과일 | 과일 많이 먹기
(4) 水 shuǐ | 多喝水 duō hē shuǐ	(4) 물 | 물 많이 마시기

6

A 小朋友，你好！你叫什么名字？ Xiǎopéngyou, nǐ hǎo! Nǐ jiào shénnme míngzi? B 您好！我叫小明。 Nín hǎo! Wǒ jiào Xiǎomíng. A 小明！你今年几岁了？ Xiǎomíng! Nǐ jīnnián jǐ suì le? B 我今年八岁了。Wǒ jīnnián bā suì le. A 我看一下你的眼睛。 Wǒ kàn yíxià nǐ de yǎnjing. B 我的眼睛很疼。Wǒ de yǎnjing hěn téng. A 你的眼睛不好，少看手机，多休息。 Nǐ de yǎnjing bù hǎo, shǎo kàn shǒujī, duō xiūxi.	A 꼬마 친구, 안녕! 이름이 뭐니? B 안녕하세요! 제 이름은 샤오밍이에요. A 샤오밍! 올해 몇 살이니? B 올해 여덟 살이에요. A 선생님이 네 눈을 한번 볼게. B 눈이 아파요. A 눈이 아프니까, 핸드폰은 적게 보고 푹 쉬렴.

15화

✓ 체크체크

① 老板，这个椅子多少钱？ Lǎobǎn, zhè ge yǐzi duōshao qián?

② 你的漫画书好多，有多少本？ Nǐ de mànhuà shū hǎo duō, yǒu duōshao běn?

1

(1) 我们坐一下。 Wǒmen zuò yíxià.	(1) 우리 잠깐 앉자.
(2) 我的邻居是学生。 Wǒ de línjū shì xuésheng.	(2) 내 이웃은 학생이다.
(3) 这是你的礼物。 Zhè shì nǐ de lǐwù.	(3) 이것은 네 선물이야.
(4) 这是我们的学生证。 Zhè shì wǒmen de xuéshēngzhèng.	(4) 이것은 우리의 학생증이다.

(1) O (2) × (3) O (4) ×

2

녹음대본

(1) A 你好，我能坐这里吗？ Nǐ hǎo, wǒ néng zuò zhèlǐ ma? B 请坐！ Qǐng zuò!	(1) A 실례지만 여기 앉아도 되나요? B 앉으세요!
(2) A 这是什么？ Zhè shì shénme? B 这是一个调查。 Zhè shì yí ge diàochá.	(2) A 이것은 무엇인가요? B 이것은 설문조사입니다.
(3) A 你们是谁？ Nǐmen shì shéi? B 您好，我们都是北京大学的学生。 Nín hǎo, wǒmen dōu shì Běijīng Dàxué de xuésheng.	(3) A 여러분들은 누구인가요? B 안녕하세요. 우리는 모두 베이징 대학교 학생입니다.

(1) ② (2) ① (3) ③

3 (1) ② (2) ③ (3) ③

4

(1) 调查 diàochá	(1) 조사
(2) 北京大学(的学生) Běijīng Dàxué(de xuésheng)	(2) 베이징 대학교 학생
(3) 礼物 lǐwù	(3) 선물

5

(1) 你现在<u>能</u>来公司吗？ Nǐ xiànzài <u>néng</u> lái gōngsī ma? 我们有一个工作问题。 wǒmen yǒu yí ge gōngzuò wèntí.	(1) 지금 회사 올 수 있어요? 우리 업무 문제가 있어요.

(2) 北京大学有多少个学生?
Běijīng Dàxué yǒu duōshao ge xuésheng?

(2) 베이징 대학교에는 몇 명의 학생이 있습니까?

(3) A 你在做什么? Nǐ zài zuò shénme?
B 我在做一个礼物。
Wǒ zài zuò yí ge lǐwù.

(3) A 너 뭐하고 있어?
B 나 선물을 하나 만들고 있어.

(4) A 我的学生证在哪儿?
Wǒ de xuéshēngzhèng zài nǎr?
B 在你的包里。Zài nǐ de bāo li.

(4) A 내 학생증이 어디 있지?
B 네 가방 안에 있어.

16화

1

녹음대본

(1) 我在广告公司工作。
Wǒ zài guǎnggào gōngsī gōngzuò.

(1) 나는 광고 회사에서 일한다.

(2) 这是我爸爸和我。
Zhè shì wǒ bàba hé wǒ.

(2) 이건 우리 아빠와 나다.

(3) A 您做什么工作?
Nín zuò shénme gōngzuò?
B 我是老师。Wǒ shì lǎoshī.

(3) A 당신은 무슨 일을 하시나요?
B 저는 선생님이에요.

(4) 这儿有很多号码。
Zhèr yǒu hěn duō hàomǎ.

(4) 여기 번호가 매우 많다.

(1) × (2) ○ (3) × (4) ○

2

녹음대본

(1) 我是医生，在医院工作。
Wǒ shì yīshēng, zài yīyuàn gōngzuò.

(1) 나는 의사이고, 병원에서 일한다.

(2) 妈妈是老师，在学校工作。
Māma shì lǎoshī, zài xuéxiào gōngzuò.

(2) 엄마는 선생님이고, 학교에서 일하신다.

(1) ③ (2) ②

3

녹음대본

(1) A 你家有几口人? Nǐ jiā yǒu jǐ kǒu rén?
B 我家有三口人。
Wǒ jiā yǒu sān kǒu rén.

(1) A 당신의 가족은 몇 명이에요?
B 우리 가족은 세 명이에요.

(2) A 你做什么工作? Nǐ zuò shénme gōngzuò? B 我没有工作，我是学生。 Wǒ méiyǒu gōngzuò, wǒ shì xuésheng.	(2) A 당신은 무슨 일을 하나요? B 저는 일을 안 해요. 학생이에요.
(3) A 你的邻居做什么工作? Nǐ de línjū zuò shénme gōngzuò? B 她是家庭主妇。Tā shì jiātíng zhǔfù.	(3) A 당신의 이웃은 무슨 일을 하나요? B 그녀는 가정주부예요.

(1) ②　　(2) ①　　(3) ②

4 (1) 八二六 bā èr liù 826

(2) 一一九 yāo yāo jiǔ 119

5

(1) 他在广告公司工作。 Tā zài guǎnggào gōngsī gōngzuò.	(1) 그는 광고 회사에서 일한다.
(2) 他家有四口人。Tā jiā yǒu sì kǒu rén.	(2) 그의 가족은 네 명이다.
(3) 谢谢，这个礼物很可爱。 Xièxie, zhè ge lǐwù hěn kě'ài.	(3) 감사해요. 이 선물 참 귀엽네요.
(4) 手机号码 shǒujī hàomǎ	(4) 핸드폰 번호

6

我家有五口人，爸爸、妈妈、哥哥、妹妹和我。 Wǒ jiā yǒu wǔ kǒu rén, bàba、māma、gēge、mèimei hé wǒ. 我是老师，在学校工作。 Wǒ shì lǎoshī, zài xuéxiào gōngzuò. 我喜欢喝果汁和吃水果。我和妹妹都爱听歌。 Wǒ xǐhuan hē guǒzhī hé chī shuǐguǒ. Wǒ hé mèimei dōu ài tīng gē. 我们家有宠物，它的名字叫mango。 Wǒmen jiā yǒu chǒngwù, tā de mígnzi jiào mango.	우리 가족은 다섯 명입니다. 아빠, 엄마, 형, 여동생 그리고 나예요. 나는 선생님이고, 학교에서 일합니다. 나는 과일주스 마시는 것과 과일 먹는 것을 좋아합니다. 나와 여동생은 모두 노래를 즐겨 듣습니다. 우리 집에는 애완동물이 있는데, 그 녀석의 이름은 망고입니다.

17화

1

녹음대본

(1) 多少钱? Duōshao qián?
(2) 这是90块钱。Zhè shì jiǔshí kuài qián.
(3) 这个杯子很可爱。
Zhè ge bēizi hěn kě'ài.
(4) 太大了! Tài dà le!

(1) 얼마예요?
(2) 이것은 90위안이에요.
(3) 이 컵은 매우 귀여워요.
(4) 너무 커요!

(1) O (2) × (3) × (4) O

2

녹음대본

(1) A 你想买什么? Nǐ xiǎng mǎi shénme?
B 我想买一个礼物。
Wǒ xiǎng mǎi yí ge lǐwù.
(2) A 这个杯子多少钱?
Zhè ge bēizi duōshao qián?
B 这个杯子68块钱。
Zhè ge bēizi liùshíbā kuài qián.
(3) A 你想买什么杯子?
Nǐ xiǎng mǎi shénme bēizi?
B 我想买一个牛奶杯。
Wǒ xiǎng mǎi yí ge niúnǎi bēi.

(1) A 무엇을 사고 싶으세요?
B 저는 선물을 하나 사고 싶어요.
(2) A 이 컵은 얼마에요?
B 이 컵은 68위안입니다.
(3) A 어떤 컵을 사고 싶으세요?
B 저는 우유 컵을 사고 싶어요.

(1) ② (2) ③ (3) ①

3 (1) ① (2) ③ (3) ③ (4) ②

4

(1) 杯子 bēizi | 咖啡杯 kāfēi bēi
(2) 90块钱 Jiǔshí kuài qián.
(3) 多少钱? Duōshao qián? |
多儿钱? Duōr qián? |
怎么卖? Zěnme mài?

(1) 컵, 잔 | 커피 잔
(2) 90위안
(3) 얼마예요?

5

(1) 十二块五(毛) shí'èr kuài wǔ(máo) 12.5위안
(2) 三块钱 sān kuài qián 3위안
(3) 三十块八毛九 sānshí kuài bā máo jiǔ 30.89위안
(4) 一百九(十块钱) yìbǎi jiǔ(shí kuài qián) 190위안
(5) 两块钱 liǎng kuài qián 2위안

18화

1

녹음대본

(1) 今天星期四。Jīntiān xīngqī sì.
(2) 我的生日是星期五。
Wǒ de shēngrì shì xīngqī wǔ.

(1) 오늘은 목요일이다.
(2) 내 생일은 금요일이다.

(1) ①　　(2) ③

2

녹음대본

(1) A 明天是几月几号?
Míngtiān shì jǐ yuè jǐ hào?
B 明天是八月八号。
Míngtiān shì bā yuè bā hào.
问 那今天是几月几号?
Nà jīngtiān shì jǐ yuè jǐ hào?

(2) A 妈妈的生日星期几?
Māma de shēngrì xīngqī jǐ?
B 爸爸的生日星期三，妈妈的生日星期一。
Bàba de shēngrì Xīngqī sān, Māma de shēngrì Xīngqī yī.
问 妈妈的生日星期几?
Māma de shēngrì xīngqī jǐ?

(3) A 后天晚上你有时间吗?
Hòutiān wǎnshang nǐ yǒu shíjiān ma?
B 后天星期几? Hòutiān xīngqī jǐ?
A 后天星期天。Hòutiān xīngqī tiān.
B 后天没有时间，我明天有时间。
Hòutiān méiyǒu shíjiān, wǒ míngtiān yǒu shíjiān.
问 他什么时候有时间?
Tā shénme shíhou yǒu shíjiān?

(1) A 내일은 몇 월 며칠입니까?
B 내일은 8월 8일입니다.
질문 그럼 오늘은 몇 월 며칠입니까?

(2) A 엄마의 생일은 무슨 요일입니까?
B 아빠의 생일은 수요일이고, 엄마의 생일은 월요일입니다.
질문 엄마의 생일은 무슨 요일입니까?

(3) A 모레 저녁에 시간 있어요?
B 모레가 무슨 요일이죠?
A 모레는 일요일이에요.
B 모레는 시간이 없고, 저 내일은 시간 있어요.
질문 그는 언제 시간이 있나요?

(1) ②　　(2) ①　　(3) ③

3

(1) 他们明天晚上一起吃饭。
Tāmen míngtiān wǎnshang yìqǐ chīfàn.
(2) 他的生日是八月七号。
Tā de shēngrì shì bā yuè qī hào.
(3) 星期五 Xīngqī wǔ

(1) 그들은 내일 저녁에 함께 밥을 먹는다.
(2) 그의 생일은 8월 7일이다.
(3) 금요일

4

(1) ① 谢谢你的礼物，我很喜欢。 Xièxie nǐ de lǐwù, wǒ hěn xǐhuan. ② 不客气。明天是我的生日。 Bú kèqi. Míngtiān shì wǒ de shēngrì.	(1) ① 선물 고마워요, 정말 마음에 들어요. ② 뭘요, 내일 제 생일이에요.
(2) ① 明天星期五。明天你有时间吗? Míngtiān xīngqī wǔ. Míngtiān nǐ yǒu shíjiān ma? ② 明天晚上我有时间。 Míngtiān wǎnshang wǒ yǒu shíjiān.	(2) ① 내일은 금요일이에요. 내일 시간 있어요? ② 내일 저녁에 시간 있어요.

5

(1) 妈妈的生日是九月二十七日。 Māma de shēngrì shì jiǔ yuè èrshí qī rì.	(1) 엄마의 생신은 9월 27일이다.
(2) 爸爸和姐姐的生日是星期天(日)。 Bàba hé jiějie de shēngrì shì xīngqī tiān(rì).	(2) 아빠와 누나의 생일은 일요일이다.
(3) 今天星期三。Jīntiān xīngqī sān.	(3) 오늘은 수요일이다.
(4) 昨天九月二十四日。 Zuótiān jiǔ yuè èrshí sì rì.	(4) 어제는 9월 24일이다.
(5) 中秋节星期二。Zhōngqiū jié xīngqī èr.	(5) 중치우제는 화요일이다.

단어 색인

한어병음자모 배합표

	a	o	★e	i(-i)	u	ü	ai	ao	an	ang	ou	ong	★ei	★en	★eng	er	ia
b	ba	bo		bi	bu		bai	bao	ban	bang			bei	ben	beng		
p	pa	po		pi	pu		pai	pao	pan	pang	pou		pei	pen	peng		
m	ma	mo	me	mi	mu		mai	mao	man	mang	mou		mei	men	meng		
f	fa	fo			fu				fan	fang	fou		fei	fen	feng		
d	da		de	di	du		dai	dao	dan	dang	dou	dong	dei	den	deng		
t	ta		te	ti	tu		tai	tao	tan	tang	tou	tong			teng		
n	na		ne	ni	nu	nü	nai	nao	nan	nang	nou	nong	nei	nen	neng		
l	la		le	li	lu	lü	lai	lao	lan	lang	lou	long	lei		leng		lia
g	ga		ge		gu		gai	gao	gan	gang	gou	gong	gei	gen	geng		
k	ka		ke		ku		kai	kao	kan	kang	kou	kong	kei	ken	keng		
h	ha		he		hu		hai	hao	han	hang	hou	hong	hei	hen	heng		
j				ji		ju											jia
q				qi		qu											qia
x				xi		xu											xia
zh	zha		zhe	zhi	zhu		zhai	zhao	zhan	zhang	zhou	zhong	zhei	zhen	zheng		
ch	cha		che	chi	chu		chai	chao	chan	chang	chou	chong		chen	cheng		
sh	sha		she	shi	shu		shai	shao	shan	shang	shou		shei	shen	sheng		
r			re	ri	ru			rao	ran	rang	rou	rong		ren	reng		
z	za		ze	zi	zu		zai	zao	zan	zang	zou	zong	zei	zen	zeng		
c	ca		ce	ci	cu		cai	cao	can	cang	cou	cong		cen	ceng		
s	sa		se	si	su		sai	sao	san	sang	sou	song		sen	seng		
성모가 없을 때	a	o	e	yi	wu	yu	ai	ao	an	ang	ou		ei	en	eng	er	ya

운모 'ü'가 성모 'j', 'q', 'x'와 결합할 때 각각 'ju', 'qu', 'xu'로 표기한다.

'i'의 발음은 우리말 '으' 발음과 유사한데, 구강의 앞부분에서 발음하도록 한다.

운모 'i', 'u', 'ü'가 성모 없이 단독으로 쓰일 때 각각 'yi', 'wu', 'yu'로 표기한다.

주의해야 할 발음

- 'e'가 성모와 결합할 때는 [ɣ]로 발음한다. 단, 'e'가 '了(le)'와 같이 경성으로 쓰일 때는 [ə]로 발음한다.
- 'ei'의 'e'는 [e]로 발음한다.
- 'en'과 'eng'의 'e'는 [ə]로 발음한다.

※ 감탄사에 나오는 음절(ng, hm, hng 등)은 생략함.

★ie	iao	iou(iu)	★ian	in	iang	ing	iong	ua	uo	uai	★uei(ui)	uan	uen(un)	uang	ueng	★üe	üan	ün
bie	biao		bian	bin		bing												
pie	piao		pian	pin		ping												
mie	miao	miu	mian	min		ming												
die	diao	diu	dian			ding			duo		dui	duan	dun					
tie	tiao		tian			ting			tuo		tui	tuan	tun					
nie	niao	niu	nian	nin	niang	ning			nuo			nuan				nüe		
lie	liao	liu	lian	lin	liang	ling			luo			luan	lun			lüe		
								gua	guo	guai	gui	guan	gun	guang				
								kua	kuo	kuai	kui	kuan	kun	kuang				
								hua	huo	huai	hui	huan	hun	huang				
jie	jiao	jiu	jian	jin	jiang	jing	jiong									jue	juan	jun
qie	qiao	qiu	qian	qin	qiang	qing	qiong									que	quan	qun
xie	xiao	xiu	xian	xin	xiang	xing	xiong									xue	xuan	xun
								zhua	zhuo	zhuai	zhui	zhuan	zhun	zhuang				
								chua	chuo	chuai	chui	chuan	chun	chuang				
								shua	shuo	shuai	shui	shuan	shun	shuang				
								rua	ruo		rui	ruan	run					
									zuo		zui	zuan	zun					
									cuo		cui	cuan	cun					
									suo		sui	suan	sun					
ye	yao	you	yan	yin	yang	ying	yong	wa	wo	wai	wei	wan	wen	wang	weng	yue	yuan	yun

'uei', 'uen'이 성모와 결합할 때 각각 'ui', 'un'으로 표기한다.

'ü'가 'j', 'q', 'x'와 결합할 때 'u'로 표기한다.

'iou'가 성모와 결합할 때 'iu'로 표기한다.

'i'가 음절의 첫 글자로 쓰일 때 'y'로 표기한다.

'ü'가 음절의 첫 글자로 쓰일 때 'yu'로 표기한다.

'u'가 음절의 첫 글자로 쓰일 때 'w'로 표기한다.

- 'ie'의 'e'는 [ɛ]로 발음한다.
- 'ian'의 'a'는 [ɛ]로 발음한다.
- 'uei'의 'e'는 [e]로 발음한다.
- 'üe'의 'e'는 [ɛ]로 발음한다.

※ [ ] 안의 음가는 국제음성기호(IPA)를 따름

다락원 홈페이지에서
MP3 파일 다운로드 및
실시간 재생 서비스

웹툰 중국어
나의 아름다운 이웃 1 我的美邻

저자 窦敬壹(主编)
주민경·周鼎(编著)
그림 陈昊
펴낸이 정규도
펴낸곳 (주)다락원

초판 1쇄 발행 2021년 8월 8일
초판 2쇄 발행 2025년 1월 22일

기획·편집 이원정, 이상윤
디자인 박나래
조판 최영란
사진 Shutterstock
일러스트 段君伟, 姜俊竹, 邓茗升

다락원 경기도 파주시 문발로 211
전화 (02)736-2031 (내선 250~252 / 내선 430)
팩스 (02)732-2037
출판등록 1977년 9월 16일 제406-2008-000007호

ISBN 978-89-277-2285-4 14720
978-89-277-2284-7 (set)

www.darakwon.co.kr
다락원 홈페이지를 방문하시면 상세한 출판 정보와 함께 동영상 강좌, MP3 자료 등 다양한 어학 정보를 얻으실 수 있습니다.

웹툰 중국어

나의 아름다운 이웃

我的美邻 1

쉽게 끝내는 **중국어 발음**

窦敬壹·주민경·周鼎 저 | 陈昊 그림

다락원

웹툰 중국어

나의 아름다운 이웃

我的美邻 1

窦敬壹·주민경·周鼎 저 | 陈昊 그림

다락원

웹툰 중국어 나의 아름다운 이웃 1 我的美邻

쉽게 끝내는 **중국어 발음**

차례

중국어 기초 알기

여러분 안녕! 나는 쿠키라고 해! 다들 웹툰으로 중국어를 배우러 왔지!? 나도 곧 웹툰에 나올 테니 지켜봐 줘! 다들 중국어는 왜 배우는 거야? 이웃 나라의 언어라서, 전공이어서, 취미로, 여행 가서 소통하려고, 중국과 관련 된 곳에 취업하기 위해서 등 각자의 이유가 있겠지? 본격적으로 중국어 웹툰을 즐기기 전에 우리 먼저 '중국어를 어떻게 읽는지' 배워 보자.

한어병음

'串'은 '꼬치'를 의미하는 한자입니다. 중국어 한자를 읽는 법을 모른다면, 저 글자가 '꼬치'라는 걸 알아도 우리는 식당에서 말로 주문하기는 어렵겠지요. 중국어 사전에서 단어를 찾을 때나 중국 친구에게 문자메시지를 보낼 때도 읽는 법을 알아야 해요. 그래서 어떻게 읽냐고요? 좀 더 쉬운 한자를 예로 봅시다!

한국인 중에 한자 '人' 모르는 사람 없지요? 그리고 이 한자를 한국에서는 '인'이라고 읽지요? 그럼 이 한자를 중국어로는 어떻게 읽는지 알고 있나요? 중국에서는 '런 [rén]'이라고 읽어요. 뜻글자(표의문자)인 한자는 글자만 봐서는 발음하는 방법을 알 수 없어요. 그래서 로마자를 활용해서 발음할 수 있는 방법을 고안했는데, 이러한 중국어 발음 표기법을 '한어병음 汉语拼音 [Hànyǔ pīnyīn]' 또는 '병음 拼音 [pīnyīn]'이라고 해요.

한자	한어병음	뜻
人	rén	사람

한어병음은 다음과 같이 '성모' '운모' '성조'로 구성되어 있어요.

rén	=	r	+	en	+	´
한어병음		성모		운모		성조

즉, 한자 '人'은 성모 'r', 운모 'en', 성조 '´(제2성)'이 모여 하나의 음절을 이룬 것이지요.

자, 중국어를 제대로 발음하려면 먼저 '성모' '운모' '성조'를 제대로 익혀야 되겠지요? 다음 장에서 얼른 끝내고 웹툰 '나의 아름다운 이웃'을 즐기러 가 봅시다!

"니 하오, 니 하오!" 저희는 곧 웹툰에서 만날 '린티엔아이'와 '까오페이'예요. 강아지 쿠키가 중국어에서 한자는 '성모' '운모' '성조'가 모여 하나의 음절을 이룬다고 알려줬죠? 그리고 '성모' '운모' '성조'가 합쳐져 하나의 '한어병음'이 된다고 했죠? 그럼 이제 더 자세히 '성모' '운모' '성조'를 알아봅시다!

성모 00-01

성모는 '음절의 첫 부분에 오는 자음'이에요. 중국어에는 총 21개의 성모가 있어요. 성모를 발음할 때에는 입 안의 공기 흐름이 어딘가에서 방해를 받으면서 나오게 됩니다.

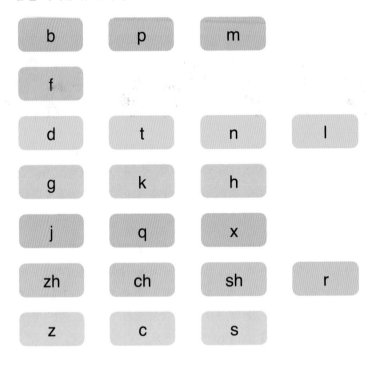

b p m

f

d t n l

g k h

j q x

zh ch sh r

z c s

억지로 외우지 말 것! 쓱 한번 보고, 음원을 따라 발음해 보고 넘어가요.

운모 00-02

운모는 '음절에서 성모를 뺀 나머지 부분'이에요. 중국어에는 총 36개의 운모가 있어요. 성모 혼자서는 발음이 안 되고, 꼭 운모가 같이 있어야 소리를 낼 수 있습니다.

아래 6개의 운모가 제일 기본인 '단운모'예요.

단운모가 2개 혹은 2개 이상이면 '복운모'라고 합니다.

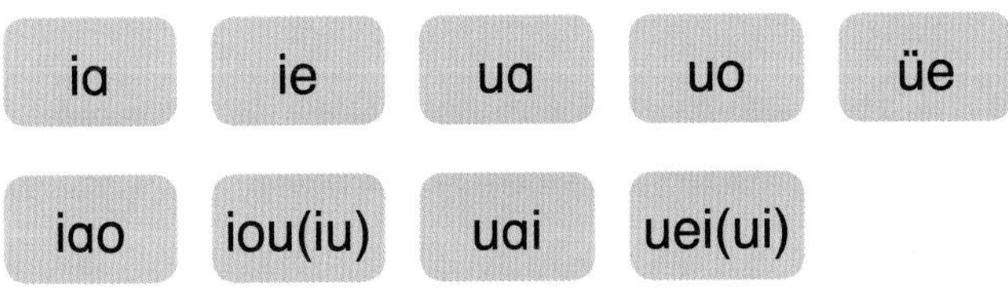

비음(n, ng)이 들어간 운모는 '비운모'라고 해요.

an en ang eng ong

ian in iang ing iong

uan uen(un) uang ueng

üan ün

마지막으로, 혀를 살짝 말아서 소리를 내는 '특수운모'도 있어요

er

다시 말하지만 절대로 하나하나 외우지 마세요. 어떻게 소리를 내는지만 알아두면 되니까요!

성조 00-03

마지막으로 '성조'에 대해 알아봐요. '성조'는 글자 하나하나가 갖는 소리 높낮이로, 중국어가 더욱 다채롭게 들리게 하는 특별한 요소입니다. 중국어에는 4개의 성조, 즉 '제1성' '제2성' '제3성' '제4성'이 있습니다. 성모, 운모가 같더라도 성조가 다르면 뜻이 달라져요. 아래의 4개의 예로 확인해 볼까요?

제1성	제2성	제3성	제4성
bā 八 8	bá 拔 뽑다	bǎ 靶 과녁	bà 爸 아빠

① 제1성 ˉ

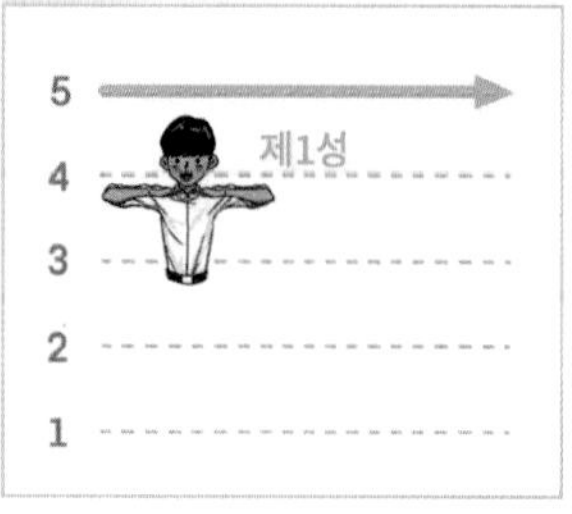

높고 평평하게, 길게 소리 내어 발음해요. 평소 내는 목소리보다 더 높게 평평하게 크게 발음하세요.

② 제2성 ˊ

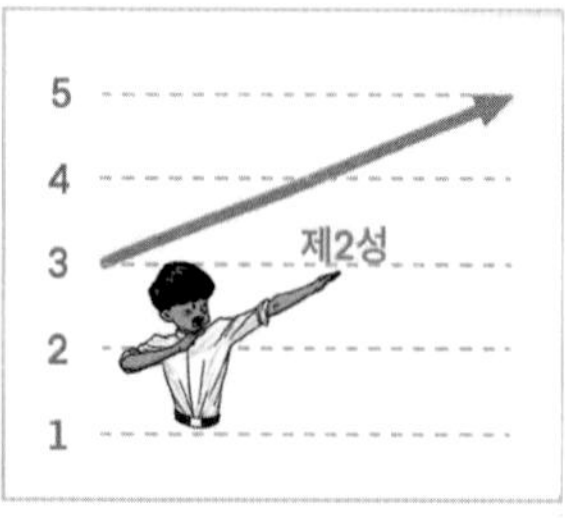

낮은 음에서 높은 음으로 끌어올려 발음해요. 의문을 제기하며 "왜~?"라고 할 때처럼 음을 올려 줍니다. 제1성보다 훨씬 낮은 음에서 시작해요.

③ 제3성 ˇ

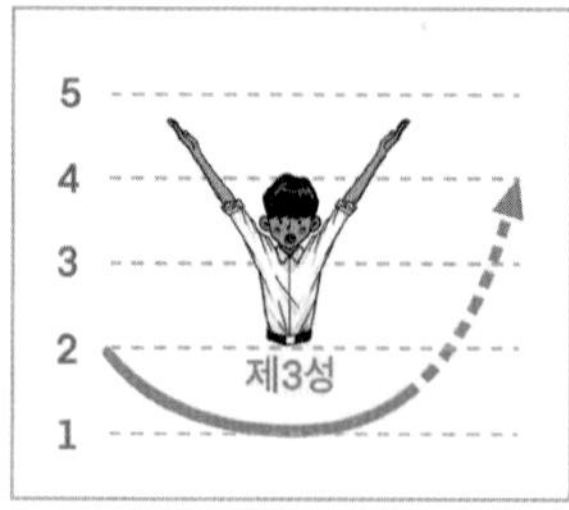

음을 아래로 한 번 끌고 내려갔다가 약간만 끌어 올려 주며 발음해요. 빠르게 음을 내렸다가 살짝만 끌어 올려 주는 것이 핵심입니다. 무언가를 이해했을 때, "아~하!"라고 하는 음과 비슷합니다.
(화살표 점선 부분 및 반3성은 19페이지를 참고하세요.)

④ 제4성 ˋ

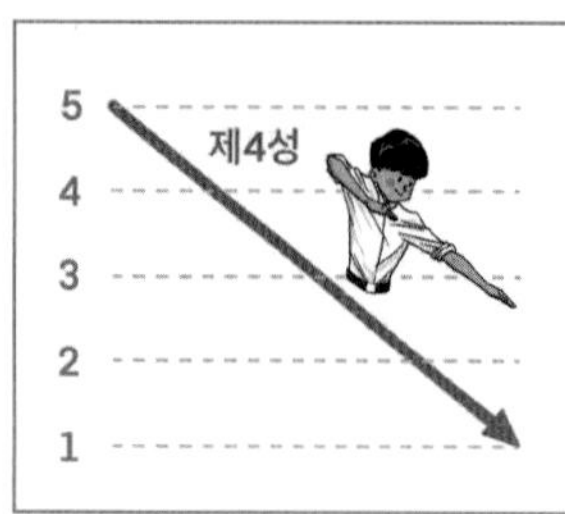

짧고 강하게 화내듯이 음을 빠르게 내려 주어 발음해요. 최대한 높은 곳에서 가장 낮은 곳으로 빠르고 짧게 음을 내리는 게 핵심입니다.

경성 00-04

중국어 성조는 위에서 익힌 대로 총 4개입니다. 그런데 원래의 제 성조를 잃고 아주 짧고 가볍게 내는 소리가 있는데, 이를 '경성'이라고 해요. 보통 단어의 뒤 음절에 위치하고 따로 기호를 표기하지는 않아요.

nǎinai 奶奶 할머니　　míngzi 名字 이름

성모와 운모

성모 b 단운모 a

00-05

성모 b

'ㅂ' 혹은 'ㅃ' 발음과 유사하다.

◆ 성모 b가 들어간 어휘

爸爸 bàba 명 아빠, 아버지
八 bā 수 8, 여덟
北京 Běijīng 고유 베이징

단운모 a

'아' 발음과 유사하다. 다만 단운모 a는 입을 크게 벌려 좀 더 길게 끌어 발음한다.

◆ 단운모 a가 들어간 어휘

妈妈 māma 명 엄마, 어머니
大 dà 형 크다
阿姨 āyí 명 이모, 아주머니

성모 p 단운모 o

00-06

성모 p

'ㅍ' 발음과 유사하다. 다만, 성모 p는 입김을 좀 더 강하게 내보내 발음한다.

◆ 성모 p가 들어간 어휘

爬 pá 동 오르다, 기어오르다
害怕 hàipà 동 두렵다, 무서워하다
跑步 pǎobù 동 달리다 명 달리기

단운모 o

'오' 발음과 유사하다. 다만 단운모 o는 처음에 입 모양을 동그랗게 오므렸다가 점점 입 모양을 풀어주어 '오-어'가 되는 느낌으로 발음한다.

◆ 단운모 o가 들어간 어휘

脖子 bózi 명 목
博士 bóshì 명 박사
萝卜 luóbo 명 무

성모 m 성모 f

00-07

성모 m

'ㅁ' 발음과 유사하다. 다만, 성모 m는 공기가 코에서 나오듯이 비음을 좀 더 강하게 내뱉는다.

◆ 성모 m가 들어간 어휘

妈妈 māma 명 엄마, 어머니
猫 māo 명 고양이
麻婆豆腐 mápó dòufu 명 마파두부

성모 f

영어 알파벳 f와 발음이 유사하다. 윗니가 아랫입술에 닿았을 때, 공기를 밖으로 조금씩 빼 준다.

◆ 성모 f가 들어간 어휘

大夫 dàifu 명 의사
头发 tóufa 명 머리카락
分手 fēnshǒu 동 헤어지다

단운모 i 단운모 u

00-08

단운모 i

'이' 발음과 유사하다. 입꼬리를 양쪽으로 쭉 당겨서 발음한다. 단운모 i가 단독으로 오면 'yi'로 표기한다. 운모 i에 성조를 표기할 때, i에 있는 점을 뺀 후 그 자리에 성조를 표기한다.

◆ 단운모 i가 들어간 어휘

笔 bǐ 명 펜
一 yī 수 1, 하나
你 nǐ 대 너, 당신

단운모 u

'우' 발음과 유사하다. 단지 단운모 u는 입 모양을 좀 더 동그랗게 오므려 길게 발음한다. 단운모 u가 단독으로 오면 'wu'로 표기한다.

◆ 단운모 u가 들어간 어휘

五 wǔ 수 5, 다섯
下午 xiàwǔ 명 오후
不 bù 부 아니다

성모 g　성모 k　성모 h

00-09

성모 g

'ㄱ' 혹은 'ㄲ' 발음과 유사하다.

◆ **성모 g가 들어간 어휘**

哥哥 gēge 명 오빠, 형
姑姑 gūgu 명 고모
狗 gǒu 명 개

성모 k

'ㅋ' 발음과 유사하다. 성모 g보다 공기를 좀 더 내보내서 발음하고, 좀 더 막힌 소리가 난다.

◆ **성모 k가 들어간 어휘**

咖啡 kāfēi 명 커피
渴 kě 형 목마르다
可爱 kě'ài 형 귀엽다

성모 h

'ㅎ' 발음과 유사하다. 다만 성모 h는 좀 더 목을 긁는 듯한 느낌으로 소리를 낸다.

◆ **성모 h가 들어간 어휘**

喝 hē 동 마시다
和 hé 접 ~와
好 hǎo 형 좋다

복운모 ua　복운모 uo

00-10

복운모 ua

'우와' 발음과 유사하다. 단운모 'u'와 'a'를 빠르게 이어서 발음해야 한다. 복운모 ua가 단독으로 오면 u 대신 w를 써 준다.

◆ **복운모 ua가 들어간 어휘**

花 huā 명 꽃
画 huà 명 그림
娃娃 wáwa 명 인형

복운모 uo

'우워' 발음과 유사하다. 단운모 u와 o를 빠르게 이어 발음한다고 생각하면 된다. 복운모 uo도 단독으로 오면 u 대신에 w를 써 준다.

◆ **복운모 uo가 들어간 어휘**

果汁 guǒzhī 명 과일주스
我 wǒ 대 나
我们 wǒmen 대 우리

성모 d　성모 t　단운모 e

00-11

성모 d

'ㄷ' 발음과 유사하다.

◆ 성모 d가 들어간 어휘

弟弟 dìdi 명 남동생
肚子 dùzi 명 배
多 duō 형 많다

성모 t

'ㅌ' 발음과 유사하다. 성모 d보다 공기를 좀더 강하게 내뱉어 발음한다.

◆ 성모 t가 들어간 어휘

他 tā 대 그, 그 사람
兔子 tùzi 명 토끼
地图 dìtú 명 지도

단운모 e

'으어' 발음과 유사하다.

◆ 단운모 e가 들어간 어휘

饿 è 형 배고프다
车 chē 명 자동차
可乐 kělè 명 콜라

복운모 ia　복운모 ie

00-12

복운모 ia

'이아' 발음과 유사하다. 복운모 ia가 단독으로 오면, i 대신 y를 써서 ya로 표기한다.

◆ 복운모 ia가 들어간 어휘

鸭子 yāzi 명 오리
牙 yá 명 치아
家 jiā 명 집

복운모 ie

'이에' 발음과 유사하다. 복운모 ie가 단독으로 오면, i 대신 y를 써서 ye로 표기한다.

◆ 복운모 ie가 들어간 어휘

爷爷 yéye 명 할아버지
姐姐 jiějie 명 언니, 누나
谢谢 xièxie 감사합니다, 고맙습니다

성모 n 성모 l 단운모 ü

00-13

성모 n

'ㄴ' 발음과 유사하다. 비음 소리로, 코에서 소리 나듯 발음해 준다.

◆ 성모 n가 들어간 어휘

拿 ná 동 들다, 잡다
奶奶 nǎinai 명 할머니
男 nán 명 남자

성모 l

'ㄹ' 발음과 유사하다. 혀로 입천장을 강하게 눌러 주듯 발음한다.

◆ 성모 l가 들어간 어휘

路 lù 명 길
老师 lǎoshī 명 선생님
绿色 lǜsè 명 녹색

단운모 ü

'위' 발음과 유사하다. 다만 단운모 ü는 입을 더 동그랗게 오므린 후, 입 모양이 변하지 않는 상태에서 '위'라고 길게 발음해 준다. 단운모 i를 발음하는 상태에서 입 모양만 작고 동그랗게 모아주면 단운모 ü의 발음이 완성된다. 단운모 ü가 단독으로 오면, 앞에 y를 붙여 yu로 표기하면서 ü 위 두 점은 생략한다.

◆ 단운모 ü가 들어간 어휘

女 nǚ 명 여자
鱼 yú 명 물고기
下雨 xiàyǔ 동 비가 내리다

비운모 an 비운모 en 비운모 in

00-14

비운모 an

'안' 발음과 유사하다. 단운모 a와 비음 n을 빠르게 이어 발음해 준다. 코의 앞쪽에서 소리 나듯 발음한다.

◆ 비운모 an이 들어간 어휘

盘子 pánzi 명 쟁반
慢 màn 형 느리다
汉堡 hànbǎo 명 햄버거

비운모 en

'으언' 발음과 유사하다. 코의 앞쪽에서 소리 나듯 발음한다.

◆ 비운모 en이 들어간 어휘

笨 bèn 형 멍청하다
门 mén 명 문
很 hěn 형 매우, 꽤

비운모 in

'인' 발음과 유사하다. 코의 앞 쪽에서 소리 나듯 발음한다.

◆ 비운모 in이 들어간 어휘

森林 sēnlín 명 숲
今天 jīntiān 명 오늘
您 nín 대 당신, 귀하 [你의 높임 표현]

성모 j 성모 q 성모 x

00-15

성모 j

'지' 발음과 유사하다. 입을 양 옆으로 쭉 당겨, 혀끝을 아랫니 뒤에 대고 약간 힘을 준 채로 발음한다.

◆ 성모 j가 들어간 어휘

鸡蛋 jīdàn 명 달걀
价格 jiàgé 명 가격
啤酒 píjiǔ 명 맥주

성모 q

'치' 발음과 유사하다. 성모 j처럼 발음하되, 좀 더 강하게 공기를 내뱉으며 발음한다.

◆ 성모 q가 들어간 어휘

七 qī 수 7, 일곱
一起 yìqǐ 부 함께
去 qù 동 가다

성모 x

'시' 발음과 유사하다. 입을 양쪽으로 쭉 당긴 후, 혀를 아랫니 뒤에 쭉 편 채로 발음한다.

◆ 성모 x가 들어간 어휘

写 xiě 동 쓰다
喜欢 xǐhuan 동 좋아하다
小心 xiǎoxīn 동 조심하다

복운모 ai 복운모 ei

00-16

복운모 ai

'아이' 발음과 유사하다. 단운모 a와 단운모 i를 빠르게 이어서 발음한다.

◆ 복운모 ai가 들어간 어휘

爱 ài 동 사랑하다
买 mǎi 동 사다
太 tài 부 너무, 정말

복운모 ei

'에이' 발음과 유사하다.

◆ 복운모 ei가 들어간 어휘

杯子 bēizi 명 컵
美国 Měiguó 고유 미국
飞机 fēijī 명 비행기

성모 z 성모 c 성모 s

00-17

성모 z

'쯔' 발음과 유사하다. 혀끝을 아랫니 뒤에 닿을 듯 말 듯한 채로 발음한다.

◆ 성모 z가 들어간 어휘

自己 zìjǐ 명 스스로
做 zuò 동 하다
再见 zàijiàn (헤어질 때) 안녕

성모 c

'츠' 발음과 유사하다. 성모 z처럼 발음하되, 공기를 더욱 세게 내보낸다.

◆ 성모 c가 들어간 어휘

菜 cài 명 요리, 채소
菜单 càidān 명 메뉴, 메뉴판
词语 cíyǔ 명 단어

성모 s

'쓰' 발음과 유사하다.

◆ 성모 s가 들어간 어휘

三 sān 수 3, 셋
四 sì 수 4, 넷
伞 sǎn 명 우산

성모 zh 성모 ch 성모 sh

00-18

성모 zh

'즈' 발음과 비슷하지만 분명한 차이가 있다. 혀를 말아 올려, 입천장에 닿을 듯 말 듯한 채로 소리를 내야 한다.

◆ 성모 zh가 들어간 어휘

知道 zhīdao 동 알다
桌子 zhuōzi 명 책상
照片 zhàopiàn 명 사진

성모 ch

'츠' 발음과 비슷하지만 분명한 차이가 있다. 성모 zh처럼 혀를 말아 올린 채로, 성모 zh보다 세게 소리내야 한다.

◆ 성모 ch가 들어간 어휘

出去 chūqù 동 나가다
茶 chá 명 (마시는) 차
吃 chī 동 먹다

성모 sh

'스' 발음과 비슷하지만 분명한 차이가 있다. 혀를 말아 올리지만, 입천장에는 닿지 않은 채로 공기만 내뱉으며 발음한다.

◆ 성모 sh가 들어간 어휘

十 shí 수 10, 열
是 shì 동 ~이다
书 shū 명 책

성모 r 복운모 ao 복운모 ou

00-19

성모 r

'르' 발음과 유사하다. 앞에서 배운 성모 sh보다 좀 더 혀를 말아 올려 성대를 진동시킨다는 느낌으로 발음한다.

◆ 성모 r가 들어간 어휘

热 rè 형 덥다, 뜨겁다
如果 rúguǒ 접 만약
日 rì 명 일, 날

복운모 ao

'아오' 발음과 유사하다. 단운모 a와 단운모 o를 빠르게 이어서 발음한다.

◆ 복운모 ao가 들어간 어휘

考试 kǎoshì 명 시험
打扫 dǎsǎo 동 청소하다
早饭 zǎofàn 명 아침식사

복운모 ou

'오우' 발음과 유사하다. '오우'와 '어우' 중 '오우'에 더 가까운 발음이라 보면 된다.

◆ 복운모 ou가 들어간 어휘

手机 shǒujī 명 휴대폰
头 tóu 명 머리
楼 lóu 명 건물, 층

복운모 iao 비운모 ian

00-20

복운모 iao

'이아오' 발음과 유사하다. 단운모 i에 복운모 ao를 빠르게 붙여 준다. 복운모 iao가 단독으로 오면 i 대신 y를 써서 yao로 표기한다.

◆ 복운모 iao가 들어간 어휘

鸟 niǎo 명 새
脚 jiǎo 명 발
药 yào 명 약

비운모 ian

'이엔' 발음과 유사하다. 단운모 i에 비운모 an을 빠르게 붙여 준다. 하지만 이때 an은 '안'보다는 '엔'에 가깝게 발음해야 한다. 복운모 ian이 단독으로 오면 i 대신 y를 써서 yan으로 표기한다.

◆ 비운모 ian이 들어간 어휘

时间 shíjiān 명 시간
天气 tiānqì 명 날씨
脸 liǎn 명 얼굴

복운모 uai　비운모 uan　비운모 uen

● 00-21

복운모 uai

'우아이' 혹은 '와이' 발음과 유사하다. 단운모 u에 복운모 ai를 빠르게 붙여 준다. 복운모 uai가 단독으로 오면 u 대신 w를 써서 wai로 표기한다.

◆ 복운모 uai가 들어간 어휘

奇怪 qíguài 형 이상하다
快乐 kuàilè 형 즐겁다
坏 huài 형 나쁘다

비운모 uan

'우안' 혹은 '완' 발음과 유사하다. 단운모 u에 비운모 an을 빠르게 붙여 준다. 비운모 uan이 단독으로 오면 u 대신 w를 써서 wan으로 표기한다.

◆ 비운모 uan이 들어간 어휘

短 duǎn 형 짧다
暖和 nuǎnhuo 형 따뜻하다
晚上 wǎnshang 명 저녁

비운모 uen

'우언' 혹은 '원' 발음과 유사하다. 단운모 u에 비운모 en을 빠르게 붙여 준다. 비운모 uen은 성모가 있을 때는 un으로 표기하고, 단독으로 오면 u 대신 w를 써서 wen으로 표기한다.

◆ 비운모 uen이 들어간 어휘

结婚 jiéhūn 동 결혼하다
准备 zhǔnbèi 동 준비하다
文化 wénhuà 명 문화

복운모 üe　비운모 ün　비운모 üan

● 00-22

복운모 üe

'위에' 발음과 유사하다. 복운모 üe가 단독으로 오면 앞에 y를 붙여 yue로 표기한다. ü 위 두 점은 표기를 생략한다.

◆ 복운모 üe가 들어간 어휘

学习 xuéxí 동 공부하다
雪 xué 명 눈
约会 yuēhuì 동 약속하다

비운모 ün

'윈' 발음과 유사하다. 입 모양은 최대한 동그랗게 ü를 유지하면서 콧소리를 내듯 비음 n까지 발음해 준다. 비운모 ün이 단독으로 오면 앞에 y를 붙여 yun으로 표기한다. ü 위 두 점은 표기를 생략한다.

◆ 비운모 ün이 들어간 어휘

裙子 qúnzi 명 치마
云 yún 명 구름
运动 yùndòng 명 운동

비운모 üan

'위엔' 발음과 유사하다. 비운모 üan이 단독으로 오면 앞에 y를 붙여 yuan로 표기한다. ü 위 두 점은 표기를 생략한다.

◆ 비운모 üan이 들어간 어휘

元 yuán 양 위안 [중국 화폐 단위]
远 yuǎn 형 멀다
医院 yīyuàn 명 병원

복운모 iou　복운모 uei

00-23

복운모 iou

'이오우' 혹은 '요우' 발음과 유사하다. 복운모 iou는 성모가 있을 때는 iu로 표기하고, 단독으로 오면 i 대신 y를 써서 you로 표기한다.

◆ 복운모 iou가 들어간 어휘

九 jiǔ 수 9, 아홉
秋天 qiūtiān 명 가을
有 yǒu 동 가지고 있다, 있다

복운모 uei

uei는 '우웨이' 발음과 유사하다. 복운모 uei는 성모가 있을 때는 ui로 표기하고, 단독으로 오면 u 대신 w를 써서 wei로 표기한다.

◆ 복운모 uei가 들어간 어휘

对 duì 형 맞다
贵 guì 형 비싸다
尾巴 wěiba 명 꼬리

비운모 ang　비운모 iang　비운모 uang

00-24

비운모 ang

'앙' 발음과 유사하다. 콧소리 중에서도 코의 뒤 쪽에서 소리 나듯 발음한다.

◆ 비운모 ang이 들어간 어휘

房间 fángjiān 명 방
当然 dāngrán 부 당연히
糖 táng 명 설탕

비운모 iang

'이앙' 혹은 '양' 발음과 유사하다. 단운모 i에 비운모 ang을 빠르게 붙여 준다. 비운모 iang이 단독으로 오면 i 대신 y를 써서 yang으로 표기한다.

◆ 비운모 iang이 들어간 어휘

墙 qiáng 명 벽
想 xiǎng 동 생각하다
羊 yáng 명 양[동물]

비운모 uang

'우앙' 혹은 '왕' 발음과 유사하다. 단운모 u에 비운모 ang을 빠르게 붙여 준다. 비운모 uang이 단독으로 오면 u 대신 w를 써서 wang으로 표기한다.

◆ 비운모 uang이 들어간 어휘

黄色 huángsè 명 노란색
窗户 chuānghu 명 창문
上网 shàngwǎng 동 인터넷을 하다

비운모 ing 비운모 ong 비운모 iong

00-25

비운모 ing

'잉' 발음과 유사하다. 단운모 i와 비음 ng을 빠르게 붙여 준다. 특히 비음 ng을 살려 코 뒤 쪽에서 소리 나듯 발음한다. 비운모 ing이 단독으로 오면 ying으로 표기한다.

◆ **비운모 ing이 들어간 어휘**

乒乓球 pīngpāngqiú 명 탁구
听 tīng 동 듣다
英语 yīngyǔ 명 영어

비운모 ong

'옹' 발음과 유사하다. 단운모 o와 비음 ng을 빠르게 붙여 준다.

◆ **비운모 ong이 들어간 어휘**

冬天 dōngtiān 명 겨울
同学 tóngxué 명 학우
公共汽车 gōnggòngqìchē 명 버스

비운모 iong

'이옹' 혹은 '용' 발음과 유사하다. 단운모 i에 비운모 ong을 빠르게 붙여 준다. 비운모 iong이 단독으로 오면 i 대신 y를 써서 yong으로 표기한다.

◆ **비운모 iong이 들어간 어휘**

穷 qióng 형 가난하다
熊猫 xióngmāo 명 판다[동물]
有用 yǒuyòng 형 유용하다

특수운모 er 비운모 eng 비운모 ueng

00-26

특수운모 er

'얼' 발음과 유사하다. 입모양은 운모 e(으어)로 시작해 혀를 말아 올려 입천장에 닿을 듯 말 듯하게 r까지 발음한다.

◆ **특수운모 er이 들어간 어휘**

儿子 érzi 명 아들
首尔 Shǒu'ěr 고유 서울
二 èr 수 2, 둘

비운모 eng

'엉' 발음과 유사하다. 단운모 e와 비음 ng을 빠르게 붙여 준다.

◆ **비운모 eng이 들어간 어휘**

朋友 péngyou 명 친구
生日 shēngrì 명 생일
冷 lěng 형 춥다

비운모 ueng

'우엉' 혹은 '웡' 발음과 유사하다. 단운모 u에 비운모 eng을 빠르게 붙여 준다. 비운모 ueng이 단독으로 오면 u 대신 w를 써서 weng으로 표기한다. ueng 발음의 한자는 극히 적다.

◆ **비운모 ueng이 들어간 어휘**

翁 wēng 노인

한어병음 표기와 변화

운모 표기

① 성모 j, q, x와 운모 ü가 결합할 때, ü 위 두 점은 생략하고, 그 자리에 성조를 표기해요.

jǔ 举 들다　　qù 去 가다　　xù 序 순서

② 운모 a, o, e로 시작되는 음절이 앞의 다른 운모와 이어질 때, 둘의 구분을 위해 격음부호(’)를 사용해요.

Tiān’ānmén 天安门 톈안먼　　shēng’ǒu 生藕 생우[약재 이름]

xīngqī’èr 星期二 화요일

대문자 표기

① 고유명사의 첫 글자는 대문자로 표기해요.

Chángchéng 长城 만리장성　　Máo Zédōng 毛泽东 마오쩌둥[인명]

② 문장의 첫 글자는 대문자로 표기해요.

Wǒ shì xuésheng. 我是学生。 나는 학생이에요.

Nǐ hǎo! 你好! 안녕하세요!

성조 표기

① 성조는 운모 위에 표기해요.

wǒ 我 나　　nǐ 你 너

② 운모에 모음이 여러 개면 입이 더 크게 벌어지는 모음 위에 표기해요.

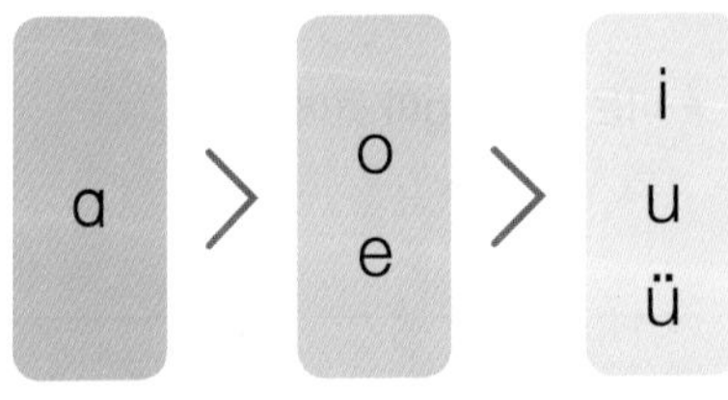

- a가 있으면 무조건 a 위에 표기

  hǎo 好 좋다　　huā 花 꽃

- a가 없으면 o나 e 위에 표기(o와 e는 함께 쓰이지 않음)

  gǒu 狗 개　　hēi 黑 검다

- a, o, e가 모두 없으면 i나 u 위에 표기(i와 u가 함께 쓰일 때, 뒤에 오는 모음 위에 표기)

  shuǐ 水 물　　　liù 六 6, 여섯

② i에 성조를 표기할 때, i의 윗부분 점은 생략하고, 그 자리에 성조를 표기해요.

jī 鸡 닭　　　guì 贵 싸다

제3성 성조 변화 00-27

① 제3성+제3성→제2성+제3성

2음절이 모두 제3성일 때, 첫 음절은 제2성으로 바뀌어요. 그러나 성조 표기는 원래대로 합니다.

nǐ hǎo → ní hǎo 你好 안녕하세요

shuǐguǒ → shuíguǒ 水果 과일

② 제3성+제3성+제3성→제2성+제2성+제3성

3음절이 모두 제3성일 때, 첫 음절과 두 번째 음절 모두 제2성으로 바뀌어요. 그러나 성조 표기는 원래대로 합니다.

yǎnjiǎnggǎo → yánjiánggǎo 演讲稿 연설문

Mǐlǎoshǔ → Míláoshǔ 米老鼠 미키 마우스

③ 제3성+제1성/제2성/제4성/경성→반3성+제1성/제2성/제4성/경성

제3성이 제1성/제2성/제4성/경성의 앞에 올 경우, 앞의 제3성은 '반3성(半三声)'으로 발음합니다. 반3성이란 제3성에서 음이 낮게 깔리고 끝부분이 올라가지 않는 것을 말합니다. 그러나 성조 표기는 원래대로 합니다.

제3성+제1성 | hěn duō 很多 많다 (여기서 很이 반3성)

제3성+제2성 | hěn máng 很忙 바쁘다 (여기서 很이 반3성)

제3성+제4성 | hěn bàng 很棒 멋지다 (여기서 很이 반3성)

제3성+경성 | hǎo de 好的 좋아 (여기서 好가 반3성)

不 bù 성조 변화 00-28

① 不 뒤에 제4성이 오면 不는 제2성으로 변해요. 성조 표기도 바뀐대로 합니다.

bú zài 不在 없다　　　bú qù 不去 가지 않다

② A+不+A 형태에서 不는 경성으로 변해요. 성조 표기도 바뀐대로 합니다.

lái bu lái 来不来 올지 안 올지 hǎo bu hǎo 好不好 좋아 안 좋아

一 yi 성조 변화 00-29

① 一 뒤에 제1성/제2성/제3성이 오면, 一는 제4성으로 변해요. 성조 표기도 바뀐대로 합니다.

yì tiān 一天 하루 yì nián 一年 1년

② 一 뒤에 제4성이 오면, 一는 제2성으로 변해요. 성조 표기도 바뀐대로 합니다.

yíbàn 一半 절반 yíhuìr 一会儿 잠시

③ A+一+A 형태에서 一는 경성으로 변해요. 성조 표기도 바뀐대로 합니다.

kàn yi kàn 看一看 좀 보다 shuō yi shuō 说一说 말해 보다

er화 00-30

특수운모 er이 다른 운모와 결합하여 er화 운모를 형성하는 현상을 'er화(儿化)'라고 해요. 특히 베이징 지역 사람들이 많이 쓴답니다. er화는 대화할 때 자연스럽고 때에 따라서는 다정한 느낌도 주게 돼요. 한어병음 표기 시에는 앞 음절 끝에 r을 붙여 줍니다.

zhèr 这儿 여기 wánr 玩儿 놀다

한어

현재 전 세계에서 14억 명이 넘는 사람들이 사용하는 언어, 그것은 바로 한어(汉语)입니다. 중국어는 알겠는데, 한어는 뭐냐고요? 중국인은 자신들의 언어를 중국어(中国语)라 부르지 않고, 한어(汉语)라고 부릅니다. 한어는 중국인의 대부분을 차지하는 한족(汉族)의 언어라는 의미이지요. 현재 한족뿐만 아니라 여러 소수민족도 한어를 사용하고 있어요. 한어에는 다양한 방언이 존재하는데, 지역에 따라 총 7가지, '북방방언 · 오방언 · 상방언 · 감방언 · 객가방언 · 월방언 · 민방언'으로 나눌 수 있답니다. 우리는 이 책에서 한어 중에서도 주로 북방방언, 특히 베이징방언을 기초로 한 표준어인 '보통화(普通话)'를 배울 거예요!

한자

중국은 글자를 쓰는 방식으로 오랜 시간 한자를 사용해 왔어요. 우리가 볼 수 있는 한자로 된 최초의 자료는 은상殷商 시기 갑골문甲骨文입니다. 하지만 갑골문은 이미 온전한 문자 체계를 형성하고 있어서, 한자의 출현은 실제 은상 시기보다 훨씬 이전일 것이라 여겨요. 갑골문 이후 한자의 서체는 주나라 금문 · 전서 · 예서 · 해서 단계를 거쳐 그 모양이 점점 변했는데요, 해서 이후의 한자 서체는 큰 변화가 발생하지 않은 채로 오늘날까지 전해졌습니다.

청나라 때 편찬된 저명한 자전 『강희자전康熙字典』에 총 47,035개 한자가 있다고 해요. 하지만 현재 중국인이 일상에서 사용하는 한자는 그 5분의 1에도 미치지 않는다고 합니다. 우리는 3,000개 정도의 상용 한자만 알아도 중국어를 자유롭게 읽고 쓰고, 듣고 말할 수 있어요!

육서

우리가 한자를 논할 때, 흔히 육서六書라는 명칭과 만나게 되는데요, 이 육서는 한자를 만드는 여섯 가지 방법이자 원칙입니다. 상형象形 · 지사指事 · 회의會意 · 형성形聲 · 전주轉注 · 가차假借가 그 여섯 가지입니다. '상형 · 지사 · 회의 · 형성' 네 가지는 글자를 만드는造字 방법이고, '전주 · 가차' 두 가지는 글자를 활용하는運用 방법이에요.

① 상형

실제 사물의 형태를 그대로 본떠서 만든 글자예요.

人 사람 인	山 뫼 산	月 달 월
rén 사람	shān 산	yuè 달

② 지사

상형문자를 기초로 하여 부호를 추가한 것이 지사문자입니다. 즉, 추상적인 개념을 기호로 표현한 글자라 할 수 있어요.

上 위 상	下 아래 하	本 근본 본
shàng 위	xià 아래	běn 뿌리, 기초

③ 회의

두 개 혹은 두 개 이상의 문자가 합쳐져 새로운 의미의 글자가 되기도 하는데, 이를 회의문자라 해요.

休 쉴 휴	森 수풀 삼	炎 불꽃 염
사람人이 나무木에 기대어 쉬는 모습	나무木들이 무리지어 있는 모습	불火이 활활 타오르는 모습
xiū 휴식하다	sēn 수풀, 삼림	yán 화염, 불꽃

④ 형성

의미를 나타내는 부분(형形)과 소리를 나타내는 부분(성聲)이 조합되어 새로운 의미의 글자가 되기도 하는데, 이를 형성문자라고 해요.

枝 나뭇가지 지	視 볼 시	露 이슬 로
木 mù 의미 요소 + 支 zhī 소리 요소	示 shì 소리 요소 + 見 jiàn 의미 요소	雨 yǔ 의미 요소 + 路 lù 소리 요소
zhī (초목의) 가지	shì 보다	lù 이슬

⑤ 전주

이미 만들어진 글자의 본래 뜻으로부터 유추해서 다른 글자로 호환하여 사용하는 글자의 운용 방식입니다. 전주에 대해서는 다양한 연구가 존재해요. 그 중, 『설문해자說文解字』에서는 "서로 뜻을 주고받을 수 있다."라고 하며 老와 考를 전주의 예로 설명하고 있어요. 考의 모양은 老에 기초하여 변화가 일어났다고 해요.

⑥ 가차

말만 있고 글자가 없는 경우, 비슷한 소리를 가진 글자를 빌려 쓰는 것을 가차라고 합니다. 『설문해자』에서는 가차를 "본래 글자가 없었으나 소리와 사물의 형상에 기대어 만들어진 글자이다."라고 설명하고 있어요. 고대에 想[xiǎng]의 한자가 없었을 때, 이와 비슷한 음을 지닌 코끼리를 뜻하는 한자 像[xiàng]으로 대체했다고 합니다.

부수

이렇게 많은 한자를 중국인들은 어떻게 다 외우고 있는 걸까요? 그 비법은 바로 한자의 '부수部首'에 있습니다. 한자 자전字典에서 글자를 찾는 길잡이가 되는 글자의 한 부분이 바로 '부수'입니다. 부수만 많이 알아도 한자의 뜻을 유추할 수 있어요. 『강희자전』에서 214개의 부수를 정리했는데, 그 중 자주 쓰이는 몇 가지를 배워 볼게요.

부수	人(亻)	木	心(忄)	口	土	水(氵)	衣(衤)
한어병음	rén	mù	xīn	kǒu	tǔ	shuǐ	yī
뜻	사람	나무	마음	입	흙	물	옷
한자 예	他 tā 그	椅 yǐ 의자	想 xiǎng 생각하다	吃 chī 먹다	地 dì 땅	海 hǎi 바다	裤 kù 바지

필획

필획筆劃은 한자의 서체를 구성하는 요소의 하나로, 최소의 단위입니다. 여섯 가지 기본 필획을 함께 익혀 볼까요?

필획	一	丨	丿	㇏	丶	㇀
명칭	横 héng	竖 shù	撇 piě	捺 nà	点 diǎn	提 tí
쓰는 법	왼쪽에서 오른쪽으로 쭉	위에서 아래로 내림	위에서 왼쪽 아래로 내림	위에서 오른쪽 아래로 내림	위에서 오른쪽 아래로 찍음	왼쪽 아래에서 위로 올림
한자 예	十	中	人	八	小	打

필순

필획의 순서를 필순筆順이라고 합니다. 한글과 마찬가지로 한자 역시 정확한 순서대로 쓰는 것이 매우 중요해요.

필순	왼쪽부터 쓴다.	위부터 쓴다.	가로획과 세로획이 교차될 때에는 가로획을 먼저 쓴다.	삐침을 먼저 쓰고 파임을 나중에 쓴다.	몸과 안으로 된 글자는 몸을 먼저 쓴다.	상하로 꿰뚫는 세로획은 맨 나중에 쓴다.	좌우로 꿰뚫는 가로획은 맨 나중에 쓴다.
한자 예	川	三	十	人	同	事	女

간체자와 번체자

쉽게 한자를 학습할 수 있게 하기 위해, 그리고 문맹 퇴치를 위해, 중국은 한자 획수를 대폭 줄인 간단한 한자를 만들어 1956년에 공표했어요. 이렇게 간단한 모양의 한자를 '간체자'라고 하고, 기존의 정자 한자는 '번체자'라고 합니다. 현재 홍콩·마카오·타이완 등에서는 여전히 정자 한자인 번체자를 사용하고 있어요. 중국 대륙 이외에는 싱가포르가 간체자를 쓰고 있어요. 아래의 예로 번체자와 간체자의 모양을 비교해 보세요.

번체자	國	門	飛	馬	車	見	長
간체자	国	门	飞	马	车	见	长

다락원 홈페이지에서
MP3 파일 다운로드 및
실시간 재생 서비스

웹툰 중국어 나의 아름다운 이웃 1 我的美邻
쉽게 끝내는 중국어 발음

저자 窦敬壹(主编)
주민경, 周鼎(编著)
그림 陈昊
펴낸이 정규도
펴낸곳 (주)다락원

기획·편집 이원정, 이상윤
디자인 박나래
조판 최영란
사진 Shutterstock
일러스트 段君伟, 姜俊竹, 邓茗升

다락원 경기도 파주시 문발로 211
전화 (02)736-2031 (내선 250~252 / 내선 430)
팩스 (02)732-2037
출판등록 1977년 9월 16일 제406-2008-000007호

ISBN 978-89-277-2285-4 14720
978-89-277-2284-7 (set)

www.darakwon.co.kr

다락원 홈페이지를 방문하시면 상세한 출판 정보와 함께 동영상 강좌, MP3 자료 등 다양한 어학 정보를 얻으실 수 있습니다.